RECETAS PARA ENRIQUECER TU VIDA SEXUAL: CÓMO DISFRUTAR DE TU SEXUALIDAD EN EL MATRIMONIO

Distribuido por:

ENRIQUECIENDO MATRIMONIOS, FAMILIAS Y LIDERES
Empowering Marriages, Families and Leaders
LIVING MISSION MINISTRIES, INC

UNA MISION PAF
Parkway Station, PO BOX
www.UnaM

D1636772

LIVING MISSION MIᴎ...

PEDIDOS:

Llámenos a: 646-401-5111 ó 917-439-0650
Envíe un mensaje por e-mail:
hector.zorrilla@misionparavivir.org
Visite nuestra página:
www.unamisionparavivir.org

Héctor y Clemencia Zorrilla

RECETAS PARA
ENRIQUECER TU VIDA SEXUAL
CÓMO DISFRUTAR DE TU SEXUALIDAD EN EL MATRIMONIO

Primera edición
Septiembre 2009
Nueva York, Estados Unidos

Si deseas comunicarte con los autores de este libro para comentarios, preguntas, sugerencias, hazlo desde el Foro en su página:

www.unamisionparavivir.org

PUBLICACIONES LIVING MISSION
MINISTRIES, INC
HÉCTOR Y CLEMENCIA ZORRILLA
UNA MISIÓN PARA VIVIR, INC (MIPAV)

© RECETAS PARA ENRIQUECER TU VIDA SEXUAL
Cómo disfrutar de tu sexualidad en el matrimonio
Autores: Héctor y Clemencia Zorrilla
Se efectuó el depósito de ley en la Biblioteca del
Congreso de los Estados Unidos. Washington, D.C.
Copyright ©2009 Héctor y Clemencia Zorrilla
Parkway Station
PO Box 622504
Bronx, NY 10462
Tel. 646-401-5111
e-mail: hector.zorrilla@misionparavivir.org
Web: www.unamisionparavivir.org
Library of Congress Control Number: 2009908340
PRIMERA Edición – Septiembre 2009
Cubierta Flexible: ISBN 978-0-9841897-0-0
© 2009 PUBLICACIONES LIVING MISSION MINISTRIES, INC
HÉCTOR Y CLEMENCIA ZORRILLA
UNA MISIÓN PARA VIVIR, INC (MIPAV)
Parkway Station
P.O.Box 622504
Bronx, NY 10462

A menos que se indique lo contrario, las citas bíblicas son extraídas de la Biblia, La Versión Popular, Segunda edición.
© Sociedades Bíblicas Unidas, 1966, 1970, 1979, 1983

Recomendaciones de este libro

Algunas personas que leyeron el manuscrito de este libro antes de publicarse, comentaron que "es un libro extraordinario y necesario". Nosotros decimos que este es el libro adecuado a la etapa en que estamos viviendo actualmente los seres humanos. Su lectura le devolverá el verdadero amor a millones de personas. *Recetas para enriquecer tu vida sexual: cómo disfrutar de tu sexualidad en el matrimonio*, enseña a los matrimonios jóvenes, a los que ya tienen muchos años de casados, y a las personas que no están casadas, pero piensan casarse algún día, cómo pueden vivir su sexualidad a plenitud. Y va a contribuir a que millones de personas, cristianas o no cristianas, aprendan paso a paso a disfrutar de sus relaciones sexuales y de su sexualidad tal y como Dios, el creador de ambas, lo desea al brindarnos esos dones. El sexo y la sexualidad son regalos bellos y preciados de Dios para todos nosotros. Este libro nos enseña que podemos, como seres sexuados, disfrutar a plenitud nuestras prácticas eróticas dentro del matrimonio, sin estar dominados ni controlados por las emociones del miedo, la culpa y la vergüenza.

Maravilloso. El libro **Recetas para enriquecer tu vida sexual: cómo disfrutar de tu sexualidad en el matrimonio** será de mucha ayuda al pueblo cristiano. Carecemos de informaciones efectivas que produzcan en nuestras vidas matrimoniales un mejor entendimiento en el funcionamiento, preparación y desarrollo del acto sexual satisfactorio, entre un hombre y una mujer, llamado y constituido por Dios: el matrimonio. Las explicaciones sobre la sexualidad en este libro, sencillas e informativas, ayudarán en las preparaciones preliminares de muchos matrimonios que necesitan respuestas a sus dificultades, para llegar al punto de placer mutuo que asegura una relación sexual matrimonial funcional. Los matrimonios estarán felices cuando obtengan más conocimientos para entender sus cuerpos e intimidades. Estas informaciones nos ayudarán a ser más felices en nuestra vida sexual de una manera recíproca para un placer íntimo de calidad en el matrimonio. Un libro de mucha necesidad en nuestros medios cristianos. Le felicito nuevamente y sé que será un éxito.

Su amigo,

DR. GILBERTO PICHARDO
PASTOR Y CONSEJERO MATRIMONIAL Y FAMILIAR CERTIFICADO

El libro **Recetas para enriquecer tu vida sexual: cómo disfrutar de tu sexualidad en el matrimonio** es la respuesta que muchas parejas esperaban. Estoy seguro de que su lenguaje amplio y franco, pero decoroso, orientará la vida de múltiples parejas, creyentes y no creyentes, para encontrar, no sólo el mayor disfrute en sus relaciones sexuales, sino también el respeto y admiración por el cuerpo de sus cónyuges. Gracias por este libro que seguramente hará nuestra tarea de orientación conyugal más eficiente y productiva en nuestras congregaciones.

APÓSTOL CARLOS LUÍS VARGAS, PASTOR DE FREEPORT BIBLE CENTER

OBISPO DEL CONCILIO CENTRO BÍBLICO INTERNACIONAL Y PRESIDENTE

DE LA ASOCIACIÓN DE PASTORES HISPANOS DE LONG ISLAND

Este libro, **Recetas para enriquecer tu vida sexual: cómo disfrutar de tu sexualidad en el matrimonio**, tiene la autoridad de una pareja a quien Dios ha llamado a ministrar para las familias, y a quien Dios ha dado el don escribir de forma comprensible. Los esposos Zorrilla se han preocupado por tener siempre una palabra fresca y actualizada. Tienen, además, el respaldo de una vida matrimonial exitosa, de modo que no sólo se trata de teoría, sino de compartir lo que se ha comprobado como eficaz. Invito a todos y a todas a disfrutar de este nuevo aporte para el bienestar de las familias.

DR. JOSÉ RAFAEL DUNKER L.

DIRECTOR EJECUTIVO DE IMAFA
MÉDICO/PSIQUIATRA, ESCRITOR, CONFERENCISTA

El libro *Recetas para enriquecer tu vida sexual: cómo disfrutar de tu sexualidad en el matrimonio* es uno de esos libros que no debe faltar en la biblioteca pastoral o entre esos libros que nos ayudan en lo personal y a la hora de dar la mano a los demás. Lo recomiendo como una obra que bendecirá su vida de pareja.

REV. VÍCTOR TIBURCIO, D. MIN.
SENIOR PASTOR IPJ ALIENTO DE VIDA, INC.
CIUDAD DE NUEVA YORK

Leí el material del libro y los felicito. No sé de ningún autor latino que se haya atrevido a tratar la temática de la sexualidad y la intimidad en la pareja cristiana como tú y tu esposa lo están haciendo. Veo en el libro la información sexual libre de la morbosidad y el lenguaje pornográfico que a veces personas bien intencionadas, pero sin espiritualidad, tratan de abarcar.

Actualmente, estoy escribiendo un libro para la Editorial titulado: "El amado y la amada del siglo XXI", donde abordo la intimidad matrimonial a la luz del Cantar de los Cantares, dejando que la pareja se imagine y llegue a sus propias conclusiones. El libro **Recetas para enriquecer tu vida sexual: cómo disfrutar de tu sexualidad en el matrimonio** es directo, va al grano, y sé que ayudará a muchas parejas.

Bendiciones en Cristo
Rev. /Dr. Kittim Silva Bermúdez
Pastor, escritor conferencista

El libro **Recetas para enriquecer tu vida sexual: cómo disfrutar de tu sexualidad en el matrimonio** de los conferencistas matrimoniales Héctor y Clemencia Zorrilla, es una herramienta muy valiosa para la gente del Reino del Señor Jesucristo, que ha vivido a la deriva en referencia a lo que es la orientación sexual desde una base bíblica. Lo recomiendo para ser estudiado y expuesto dentro de grupos familiares y en reuniones de hombres y mujeres.

Pastor Luís Mussio
Ministerios Faro a las Naciones
Bridgehampton, Nueva York

En tiempos desafiantes donde la familia, según algunos sociólogos dicen, está siendo atacada y a punto de ser extinguida, considero que libros como éste son vitales para reavivar el amor, el romance y la pasión entre el pueblo de Dios. Creo que ya es tiempo de romper los tabúes, los odres viejos y experimentar en la santidad de Dios el verdadero significado y valor del área de la intimidad de la pareja. Lo bello de la intimidad de la pareja casada es que fortalecen eficazmente sus relaciones y las del matrimonio. El libro **Recetas para enriquecer tu vida sexual: cómo disfrutar de tu sexualidad en el matrimonio** ayudará a vivir una relación práctica de la belleza con la cual Dios creó el matrimonio, y de la satisfacción mutua íntima de los casados. ¡Los felicito, esposos Zorrilla!

DR. JOSÉ MENÉNDEZ
MINISTERIOS HISPANOS - IGLESIAS BAUTISTAS AMERICANAS DE LOS ÁNGELES
DIRECTOR DE MINISTERIO A LA FAMILIA PARA LAS IGLESIAS HISPANAS DE LA REGIÓN DE LOS ÁNGELES, Y NEVADA, ARIZONA, NORTE Y SUR DE CALIFORNIA.

Dios inventó la intimidad sexual y la bendijo a través del matrimonio. Sin embargo, por siglos, la Iglesia a menudo adoptó, conforme a la moral de las culturas donde le tocó insertarse, una perspectiva restrictiva y religiosa ajena a los principios bíblicos. Los esposos Zorrilla, como pastores y psicólogos cristianos, han experimentado ambos extremos. Esta obra, *Recetas para enriquecer tu vida sexual: cómo disfrutar de tu sexualidad en el matrimonio*, rompe paradigmas al permitirnos aceptar bajo el vínculo matrimonial el regalo divino de la intimidad sexual en la que hay creatividad y gozo mutuo. Echa abajo los temores religiosos infundados y nos enseña a abrazar la vida sexual como parte de nuestra integridad espiritual. Bienvenida sea esta contribución a la libertad plena del creyente.

Juan Carlos Flores Zúñiga, MA
Presidente
LIDERAZGO E INNOVACIÓN LIDERINNOVA

Equipando para vivir y liderar con propósito y pasión
San José, Costa Rica
CENTROAMÉRICA

Pastores Zorrilla, gracias por el libro **Recetas para enriquecer tu vida sexual: cómo disfrutar de tu sexualidad en el matrimonio.** Es muy bueno y explícito. Este libro será de mucha ayuda para las parejas que no tienen un buen conocimiento de la sexualidad. Sigan adelante, que es la educación cristiana que necesitamos para enriquecer la vida sexual de las parejas, porque si ésta marcha bien, otros aspectos de la relación matrimonial funcionan.

Pastor Felipe Arias
Iglesia Evangélica Misionera de Brooklyn

Recetas para enriquecer tu vida sexual: cómo disfrutar de tu vida sexual en el matrimonio. Por años la Iglesia ha mantenido un tabú en relación a las doctrinas dentro de las iglesias, especialmente cuando se habla temas sexuales. Con este libro de los esposos Zorrilla me atrevo a decir "por fin", nos llega a las manos un libro que rompe todos los tabúes impuestos por la tradición y aclara abiertamente, a la luz de las Escrituras, los aspectos de la vida sexual en el matrimonio que todos deben conocer. Recomiendo a cada matrimonio, parejas en vías de casarse, líderes espirituales e Iglesia en general darse la oportunidad de leer esta preciosa obra que será una bendición para sus vidas.

Rev. Gustavo Acevedo
Pastor Tabernáculo Bíblico Bautista, Perth, Australia

Bendiciones esposos Zorrilla. Gracias por este libro **Recetas para enriquecer tu vida sexual: cómo disfrutar de tu sexualidad en el matrimonio** que bendecirá a tantos cristianos. Esta es una obra que cumple con todos los estándares de calidad, en cuanto a prescripciones de salud, terapia sexual y psicosomática; y puedo asegurar esto porque he leído otras obras seculares sobre el tema, y la de ustedes no tiene nada que envidiarle a las demás. **Recetas para enriquecer tu vida sexual: cómo disfrutar de tu sexualidad en el matrimonio**, le da la Gloria y Alabanza a Dios, quien, como ustedes expresan en dicha obra, es el creador de la sexualidad humana y de la satisfacción del hombre y la mujer cuando se aman y están casados, cumpliendo claramente con lo mandado por la Palabra de Dios cuando establece: "Gózate con la mujer de tu juventud", o sea tu esposa. Proclamo en el nombre de Jesús, que dicha obra será un verdadero éxito de ventas en esos temas, lo creo. Bendiciones de lo alto, y que Dios siga sosteniendo y prosperando su ministerio.

Lic. Juan Burgos, Presidente de la Asociación Dominicana de Comunicadores Cristianos (ADOCOC), Santo Domingo, República Dominicana

Pastores Héctor y Clemencia Zorrilla, los felicito por su excelente trabajo en **Recetas para enriquecer tu vida sexual: cómo disfrutar de tu sexualidad en el matrimonio**. Este libro será de gran bendición de Dios para las parejas que aprenderán a disfrutar el ciclo sexual en la relación conyugal. La explicación clínica mezclada con la bíblica, de las cuatro fases a la respuesta sexual, le da una autoridad espiritual y médica a su libro, para que los matrimonios y aquellas personas solteras que piensen contraer matrimonio, obtengan las respuestas y llenen sus vacíos por la falta de conocimiento o tabúes que les impiden tener una relación sexual feliz, sin recurrir a los métodos de la cultura popular del comercio sexual.

El libro Bíblico del Cantar de los Cantares nos da una confirmación de este precioso trabajo: *"Como llama divina es el fuego ardiente del amor"*. Si los esposos ponen en práctica el proceso propuesto, la cuarta fase se convertirá en un mutuo sacrificio de gratitud al Señor.

Creo que este libro va a ser de gran ayuda para muchos matrimonios jóvenes o de años que no han podido disfrutar de la bendición del genuino placer sexual en su relación matrimonial.

Fraternalmente en Cristo
Pastor Omar García García

El libro **Recetas para enriquecer tu vida sexual: cómo disfrutar de tu sexualidad en el matrimonio** tiene la virtud de abordar un tema bastante soslayado por los cristianos. La claridad conceptual, la simpleza de un lenguaje franco y directo, son elementos que lo anticipan como un material valorable para la Pastoral del Asesoramiento a las Parejas. Felicitaciones esposos HÉCTOR y CLEMENCIA por construir un nuevo aporte a la consejería cristiana especializada. Que el Altísimo premie con bienes vuestro esfuerzo.

Pastor/ Arquitecto David COT
Asesor Familiar.
Ministerio VOZ de ESPERANZA
Argentina

Siempre me detengo a leer a los esposos Zorrilla, porque disfruto, asimilo y medito en sus propuestas que me parecen razonables, apegadas a los fundamentos cristianos y a la realidad contemporánea. Satisface el realismo con que narran lo cotidiano, y el baño de buen humor, tino y respeto por las sensibilidades a todo tipo de lector que le ponen a sus escritos. Los Pastores Zorrilla, con su aporte literario, están contribuyendo a los tremendos esfuerzos que los pocos obreros hacen, para contrarrestar las tribulaciones que están llegando a "los campos blancos".

Sadie Hernández
Editora
REVISTA "SÚBETE AL ARCA"
Estados Unidos

El libro **Recetas para enriquecer tu vida sexual: cómo disfrutar de tu sexualidad en el matrimonio** llega como una bendición de Dios para el pueblo de habla hispana. Este libro viene a romper con tabúes que todavía al iniciar el siglo XXI, mantienen a muchas parejas sin disfrutar la plenitud de la vida sexual. Ya era una necesidad muy sentida de que alguien como los pastores Héctor y Clemencia Zorrilla enfocaran este tema con la claridad que merece. Recomiendo este libro a todos los matrimonios y más aún a los que están por casarse y quieran vivir un matrimonio de éxito en todos los aspectos.

Pastores José Francisco Alvarado y Alida Salazar
Comunidad Cristiana
San Ramón, Alajuela
Costa Rica

Una de las mayores bendiciones que Dios ha dado al hombre es poder recibir y dar conocimiento que pueda ayudar a las personas a salir del círculo vicioso de la ignorancia. Hay que romper con la propagación de mitos y tabúes que puede observarse en diferentes áreas, y sobre todo con respecto a la sexualidad donde existe un alto grado de represión.

Agradezco al Señor por permitirles a los esposos Zorrilla suministrar conocimientos para aumentar el saber de todas aquellas personas que lean este maravilloso e importante libro **Recetas para enriquecer tu vida sexual: cómo disfrutar de tu sexualidad en el matrimonio**.

Dra. Maritza Fullerton, Médico
Terapeuta Sexual Marital y de Pareja
Nueva York, Estados Unidos

Es para mí un alto honor ser escogido entre los nombres que estarán dando testimonio sobre su nuevo libro **Recetas para enriquecer tu vida sexual: cómo disfrutar de tu sexualidad en el matrimonio**. Este libro me pareció muy interesante, útil y provechoso para las parejas, los enamorados y los novios que pronto contraerán matrimonio. Contar con profesionales psicólogos, sexólogos y terapeutas maritales y familiares, es una gran bendición y un ministerio que viene de Dios, para orientar, ayudar y sanar a las parejas dentro del pueblo de Dios y más allá. Hacía falta un libro así; esto ayudará a derribar muchos tabúes. A partir de este libro, en las Iglesias tendremos hombres satisfechos y mujeres felices y, por ende, Iglesias gozosas, hogares más fortalecidos y relaciones más firmes y duraderas. Yo recomiendo y alabo la llegada de este gran libro.

Al leerlo puedo ver a los esposos Zorrilla, no sólo leyendo el libro de los enamorados, los Cantares, sino profundizando para aportar y enriquecer a las parejas. Creo que este libro es obra de Dios.

Pastor Luís Piñeyro
Iglesia Capilla Evangélica Hispana, Inc.
(Templo Bíblico) Lawrence, MA

Cuando observamos este grandioso mundo que nuestro Dios nos ha entregado, no podemos ignorar lo mucho que Él nos ama. La sexualidad dentro del matrimonio es una parte esencial que Dios nos entregó para que lo disfrutemos y lo maximicemos; enriqueciendo así cada aspecto de nuestra relación matrimonial. A veces necesitamos claridad sobre este tópico y este libro, **Recetas para enriquecer tu vida sexual: cómo disfrutar de tu sexualidad en el matrimonio**, te aclara ciertas cosas que son imprescindibles para una relación efectiva y exitosa. ¡Léelo! ¡Bendiciones!

Pastor Carlos Durán, M ED, P.N.
Executive Pastor Newbirth Orlando
Florida, Estados Unidos

En este libro, **Recetas para enriquecer tu vida sexual: cómo disfrutar de tu sexualidad en el matrimonio**, los Pastores Héctor y Clemencia Zorrilla ayudan al lector a descubrir la satisfacción duradera en su matrimonio, a través del conocimiento profundo de una sexualidad sana y placentera. Con magistral conocimiento, y sin morbosidad vergonzosa, los autores conducen al lector a adentrarse en un viaje de descubrimiento con el fin de poder satisfacer sus anhelos en esta área tan importante de la vida matrimonial. Este libro no debe faltar en las bibliotecas de los matrimonios que deseen conservar el ingrediente de su sexualidad viva. Tampoco debe faltar en el escritorio del Pastor o Consejero Cristiano que trabaja con parejas.

Dr. Peter Ramos

Presidente de la Universidad Cristiana

Nueva Jersey, Estados Unidos

Uno de los temas menos comprendidos en la vida conyugal es lo referente a la sexualidad. La razón es que existe poca información sana, franca y técnica. En **Recetas para enriquecer tu vida sexual: cómo disfrutar de tu sexualidad en el matrimonio,** Héctor y Clemencia nos ilustran diligentemente en el maravilloso mundo de la sexualidad. Este libro aparece oportunamente en una coyuntura de desinformación y desorientación en el tema, lo cual ha estado causando estragos en la vida matrimonial. Recomiendo este valioso libro, el mismo que le ayudará a descubrir la delicia del sexo, tal como lo diseñó el Creador.

Dr. Feliciano Ruíz Lavado, Presidente
Asociación de Teólogos Evangélicos del Perú

Que estas **Recetas para enriquecer tu vida sexual: cómo disfrutar de tu sexualidad en el matrimonio** sean como la de los buenos libros de cocina, que cuando uno las trata de llevar a la práctica nunca logra lo esperado, pero a lo mejor, con paciencia, la ayuda de Dios, algunas novedosas vitaminas y oraciones, logrará su propio estilo de hacerlo y comerlo, todo gracias al estímulo e iniciativa de los esforzados escritores, en este caso los distinguidos esposos Héctor y Clemencia Zorrilla. Bendiciones y éxito.

Reverendo
Dr. Rodrigo Díaz Bermúdez
Republica Dominicana

Acabo de leer los párrafos que me enviaron. Estoy seguro que este libro **Recetas para enriquecer tu vida sexual: cómo disfrutar de tu sexualidad en el matrimonio** sacará a muchos cristianos de la ignorancia y prejuicios sexuales que existen en la Iglesia, y a través de la información profesional y claramente explicada podrán disfrutar del sexo en el matrimonio como nunca antes. Además, este libro contribuirá a resolver muchos problemas de pareja que por cuestiones de tabúes en la Iglesia las personas no se atreven ni siquiera a comentar.

Pastor Daniel RAMÍREZ
Long Island Revival Church
Freeport, Long Island, New York

Hace veinticinco años, estando recién casados, conocimos a Héctor en un retiro de parejas y desde entonces quedamos impresionados con su capacidad y su manera sencilla de exponer los temas más críticos y hasta los más polémicos, relacionados con el matrimonio.
Les aseguramos que Héctor y Clemencia, tal y como se evidencia en éste y sus otros libros, tienen el conocimiento, las técnicas y la experiencia que nuestra comunidad necesita en estos días, cuando tanto se necesita fortalecer los matrimonios y la vida en familia. Con mucho gusto les recomendamos este libro y ojalá que ustedes se animen a organizar eventos matrimoniales con estos dos siervos del Señor Jesucristo.

Pastores Natividad y Fe Cristiana Fermín
Misión Global Nuevo Día
Rochester, Nueva York, Estados Unidos

Mis Queridos amigos los Esposos Héctor y Clemencia Zorrilla nos presentan en su libro la sabiduría de Dios, en la bella y delicada sexualidad. Nos anima a disfrutar como matrimonios bendecidos la riqueza de la vida sexual sin temor ni verguenza a disfrutar en el ciclo de respuesta. En los párrafos de su libro nos ilustra cómo esta sociedad ha distorsionado el valor sexual a través de los medios públicos y cómo nuestra cultura occidental está erotizada, destruyendo los principios y valores de la Familia, sobre todo en la sexualidad. "Todo el mundo habla de "hacer el amor" como beberse un refresco, un vaso de agua." "El placer sexual en el matrimonio, es un acto creativo especial de Dios para que nosotros lo disfrutemos a plenitud", nos dicen en el libro los esposos Zorrilla. En mi calidad de Ministro y profesional, los invito a que este libro forme parte de su Biblioteca y los motive cada día ser mejores esposos y llevar a tu mujer a la excelencia de la plenitud sexual, con amor y romance en la intimidad que Dios lo aprueba y lo bendice.

Dr. José Linares Cerón
Es Pastor Principal de la Fraternidad Internacional iglesias Misioneras. Presidente de CIPROFAM (Coalición Internacional de Pro-vida y Familias) Preside el Ministerio Oración Internacional. Tiene Doctorado en Teología y Misiones, con maestrías Matrimonial y Familiar. Diplomado en Psicología, Familia y Derecho. Con estudios profesionales en Administración de Negocios y Derecho Internacional.
Es Presidente / Fundador de Coalición Presencia Internacional un Movimiento influyente de Pro-vida y Pro- familia. Miembro de Christian Coalition of America, Full Gospel Business Men's Fellowship International y de la International Christian Chamber of Commerce entre otras organizaciones

Héctor y Clemencia Zorrilla

Los esposos Héctor y Clemencia Zorrilla, además de pastores, son psicólogos y conferencistas. Ellos son frecuentemente invitados a charlas, conferencias, talleres, seminarios, cursos y congresos, para hablar sobre temas del matrimonio, la familia y el liderazgo. Ellos hablan a los matrimonios, los líderes, los hombres, las mujeres y los jóvenes. Producen el Programa Radial y de Televisión: "Que vivan los matrimonios", que se transmite en los Estados Unidos, Latinoamérica y Europa. Son fundadores y presidentes de Una Misión para Vivir, Inc. (MIPAV), Living Mission Ministries, Inc, con sede en Nueva York, cuyo lema es: **Enriqueciendo matrimonios, familias y líderes**.

Su última publicación fue: **Recetas para enriquecer tu matrimonio: cómo mantener las llamas del amor** ya en su segunda edición.

Dedicatoria

A Dios, quien por su misericordia y amor ágape sanador, se complació en restaurar, sanar, enriquecer, bendecir y escoger nuestro matrimonio para el servicio y la expansión de su Reino.

A nuestros hijos, quienes nos han bendecido con su perdón, sus sonrisas, sus abrazos y momentos de alegría y de dolor: Isaac, William, Kirsis y Melissa.

A nuestros padres biológicos, quienes fueron los instrumentos que Dios utilizó para traernos a esta tierra. Los de Héctor: Hilda y Julio; los de Clemencia: María y Félix.

A nuestra familia nuclear de origen, de quienes aprendimos los primeros modelos para entender el significado de un matrimonio, y de nacer y criarse en una familia nuclear. La de Héctor: Randy, Juan, Milvio (fallecido), Ramón, Estela, María, Elli, Diony, Yolito, Julita; la de Clemencia: Cecilia, Manuel, Félix, José, Iluminada, Domingo.

Recetas para **Enriquecer tu vida sexual: cómo disfrutar de tu sexualidad en el matrimonio** está dedicado a todas las parejas que acuden al matrimonio, no sencillamente porque tienen y quieren satisfacer sus urgencias eróticas o sexuales, sino porque deciden compartir mutuamente sus secretos sagrados. Los esposos comparten secretos sagrados en cada acto sexual que disfrutan.

A todos los matrimonios que se permiten descubrir mutuamente los tesoros ocultos de sus secretos sagrados, y que al descubrirlos, deciden compartirlos y disfrutarlos. ¡Qué sabrosos son los secretos sagrados que los esposos comparten!

A mi esposa Clemencia, quien me bendijo abriéndome de par en par sus secretos sagrados y me invitó a disfrutarlos sin ningún resquemor. Además, me invitó a compartir mis secretos sagrados con ella. Ella es co-autora de este libro.

Héctor y Clemencia Zorrilla
(Dios es más bueno que bueno)

Agradecimiento

Andy Lozano, quien con su espíritu de amor ágape sanador nos ayudó tanto en la publicación de este libro. La portada y contraportada, y los conceptos publicitarios son suyos.

Al doctor Kittim Silva, un amigo y pilar del cristianismo. Tomó de su ocupadísimo tiempo para escribir el prólogo de este libro. No tenemos palabras para decirle cuánto lo amamos y admiramos con amor ágape sanador de Dios.

Al doctor David Caraballo, otro pilar del liderazgo cristiano. Escribió otro prólogo a este libro. Este es un libro doblemente bendecido.

A Jaime y Adriana Miniño. Toda la belleza y la propiedad gramatical del libro se deben a su colaboración.

A todos esos matrimonios que, durante nuestro tiempo de trabajo con ellos, han colaborado con sus propias experiencias de matrimonios, para que este libro pueda ser más útil para otras parejas. Estos matrimonios son los verdaderos autores de este libro. Por varios años estuvimos impartiendo el Seminario/taller: *Cómo disfrutar de la sexualidad en tu matrimonio* a muchos grupos de matrimonios en las iglesias. Este libro surgió de estas experiencias.

H. y C. Z.

ÍNDICE DE CONTENIDO

RECETAS PARA ENRIQUECER TU VIDA SEXUAL: CÓMO DISFRUTAR DE TU SEXUALIDAD EN EL MATRIMONIO

UNAS PALABRAS DE MOTIVACIÓN PARA LEER "RECETAS PARA ENRIQUECER TU VIDA SEXUAL: CÓMO DISFRUTAR DE TU SEXUALIDAD EN EL MATRIMONIO"

Muchas personas piadosas y que viven una vida de espiritualidad sincera van a acercarse a este libro con sentimientos de dudas y temores. Les recomendamos que se acerquen al libro de todas maneras y que lo lean. Este libro contiene mensajes especiales para personas espirituales y piadosas, pero que tienen algunas confusiones honestas sobre el sexo y la sexualidad. Estas personas a veces tienen confusiones sobre la correcta relación que existe entre el sexo y la sexualidad, especialmente las prácticas sexuales dentro del matrimonio, y la vida espiritual y piadosa. Si usted está en ese grupo, una gran porción de este libro es para usted. Siga leyendo.

Sobre el sexo y la sexualidad existen muchas voces que cambian y trastornan algunos de los propósitos originales de su creador: Dios. El sexo y la sexualidad son realidades complejas, pero no complicadas. Dios crea y nos regala cosas complejas, pero no complicadas. Dios es un Dios simple, directo, claro. Y el Dios creador del sexo y de la sexualidad nos ha comunicado claramente los propósitos por los cuales nos brindó estos dones preciados.

Pero como dicen Dillow y Pintus en su libro: "Temas de la intimidad: conversaciones de mujer a mujer", hay muchas voces que nos impiden, como esposos piadosos y espirituales, enriquecer y disfrutar nuestra sexualidad en el matrimonio.

Unas son las "voces victorianas" que nos ordenan a no hablar de nuestra sexualidad, ni siquiera en la intimidad de la pareja matrimonial. "De eso no se habla. Háganlo, y ya". Y escuchando estas voces, los esposos tienen relaciones sexuales a escondidas, llenos de vergüenzas, miedos y culpas.

Pero también están las "voces de los pioneros sexuales" cuyas investigaciones sobre la sexualidad son muy positivas (Freud, Havelock Ellis, Kinsey, Masters y Johnson, Helen Kaplan), pero que enfocaron la sexualidad con unas bases exclusivamente físicas y fisiológicas. La práctica de la sexualidad enfocada como un asunto meramente fisiológico, deja un profundo vacío espiritual. El creador de la sexualidad le dio una base espiritual, además de un componente físico.

Además, están las "voces de los Padres de la Iglesia" quienes impregnaron a la sexualidad de una confusión tan poderosa, que todavía en pleno siglo XXI seguimos sufriendo sus azotes. San Agustín hablaba de que los esposos podrían cometer "adulterio hasta con sus propias esposas" si permitían que la pasión entrara en sus actos sexuales. La práctica sexual es un pecado aun dentro del matrimonio, y solamente se "santifica" cuando los esposos la usan para procrear hijos. Tomás de Aquino tenía esa misma opinión: los esposos que disfrutaban de sus actos sexuales estaban pecando. Hasta Martín Lutero decía que "las relaciones sexuales (aun entre esposos) son siempre pecado", y que Dios perdona este "pecado" a los esposos, porque Dios creó el matrimonio.

Así que, ténganse paciencia ustedes mismos cuando una emoción desagradable surja en sus estómagos, al leer el título de este libro. Sigan teniendo paciencia aún más leyendo su contenido, que proclama que es posible, útil y necesario, ser esposos piadosos y espirituales, y al mismo tiempo enriquecer y disfrutar de la vida sexual en el matrimonio.

La pasión y el placer son regalos con que Dios envolvió el sexo y la sexualidad dentro del matrimonio. Hay muchos cristianos casados que citan versículos de la Biblia como Gálatas 6:16: "Andad en el espíritu, y no satisfagáis los deseos de la carne". Ellos citan también Colosenses 3:2: "Poned la mira en las cosas de arriba, no en las de la tierra", y aplican estos y otros versículos similares a las prácticas sexuales con sus parejas dentro del matrimonio. Aquí "deseo y terrenal" no se refiere a la vida sexual que usted vive con su pareja dentro del matrimonio. Sus actos sexuales en el matrimonio no son egoístas, y usted no busca su propio placer y satisfacción. La vida sexual con su pareja en el matrimonio es una mutualidad: el esposo le brinda placer a su esposa; la esposa le brinda placer a su esposo. Y

Dios es el creador de ese placer y disfrute sexual, y se lo
brindó como un regalo a los esposos para que lo disfruten.
De hecho, este placer sexual que los esposos se brindan, no
es un deseo "carnal ni terrenal", sino un placer divino,
porque proviene de Dios. Además, fue creado por Dios con
el propósito específico de que los esposos lo disfruten a
plenitud dentro del matrimonio. Los deseos sexuales sí
pueden practicarse de maneras "terrenales, carnales,
lascivas, morbosas y pecaminosas" fuera de la pareja
matrimonial. Y los que no aman a Dios, y no creen que la
sexualidad fue creada por Dios, usan la sexualidad de esa
manera. Pero esto no tiene nada que ver con los "deseos
sexuales" buenos, agradables, limpios y provocadores de
placer creados por Dios. La sexualidad creada por Dios es
buena y agradable. El uso y la práctica de esta sexualidad de
otra manera es otro asunto.

Un matrimonio cristiano no está siendo "carnal ni terrenal"
cuando disfruta a plenitud de su vida sexual. Un matrimonio
cristiano sigue siendo espiritual y piadoso, cuando goza y
disfruta del placer erótico y sexual que Dios puso en sus
cuerpos, y se los obsequió como un regalo especial para
disfrutarlo dentro de su matrimonio. No usar este regalo de
Dios apropiadamente, sí trae serias consecuencias negativas
al matrimonio. Ésta es la nueva voz sobre la sexualidad que
este libro le trae a los matrimonios del siglo XXI.

RECETAS PARA ENRIQUECER TU VIDA SEXUAL:
CÓMO DISFRUTAR DE TU SEXUALIDAD EN EL
MATRIMONIO

PRIMERA EDICIÓN: SEPTIEMBRE 2009

POR HÉCTOR Y CLEMENCIA ZORRILLA
PUBLICACIÓN DE LIVING MISION MINISTRIES,
INC
UNA MISIÓN PARA VIVIR, INC (MIPAV)

WWW.MISIONPARAVIVIR.ORG

WWW.SEMANAHISPANADELMATRIMONIO.COM

NUEVA YORK, ESTADOS UNIDOS

Prólogo 1
Dr. David Caraballo

Antes que nada, quiero expresar las más sinceras gracias a los esposos Héctor y Clemencia Zorrilla por confiar en mí al permitirme escribir este prólogo; y al mismo tiempo ser parte de este trabajo tan necesario para nuestras iglesias y nuestra gente de habla hispana.

He sido pastor, educador, consejero y conferencista en los Estados Unidos; he predicado y dado conferencias en el Caribe. También he tenido la bendición de enseñar en Centroamérica, he leído libros de diferentes autores y ninguno de los libros que he leído ha sido tan claro en su pensamiento, lenguaje y convicción como éste de los esposos Zorrilla.

Si usted está interesado en el matrimonio y sus realidades, este libro es para usted. Muchas personas, casadas o no, desean saber más acerca del matrimonio. La mayoría de las personas casadas están interesadas en mejorar su vida matrimonial. Entendemos que todas las relaciones humanas experimentan tensiones a causa de las realidades de la vida. La relación matrimonial es la más íntima de todas las relaciones, y tal vez la más afectada de cualquiera de esas realidades.

También debemos de pensar que las estructuras sociales de nuestro tiempo están sufriendo a causa de los diversos cambios que estamos experimentando continuamente en nuestros fundamentos sociales.

En este tiempo debido a tantos tabúes no es fácil abordar este tema entre personas de diferentes edades y culturas y capacidades religiosas.

Los esposos Zorrilla son muy claros en sus explicaciones, sobre el amor entre los esposos, sobre la sexualidad, algunas fases de la respuesta sexual humana, etc. Sus explicaciones son explícitas y educativas a la vez, todo es claro y sin doble sentido. Creo que el libro **Recetas para enriquecer tu matrimonio: cómo disfrutar de tu sexualidad** va a suplir muchas necesidades básicas en nuestras familias hispanoparlantes ya que orientará la vida sexual de cada lector. Ojalá y usted, amado lector, pueda ser bendecido, por medio de estos dos eruditos en la materia de la sexualidad y la vida matrimonial y familiar.

Al igual que otros pastores y consejeros, he descubierto que muchas de las crisis matrimoniales son producto o emergen a partir de una mala, incorrecta, insuficiente relación sexual, por la ignorancia y prejuicios espirituales para abordarlo. Ahora me da mucha alegría ver que siervos de Dios como los esposos Zorrilla disponen de un material tan provechoso, claro y necesario, un material serio y completo y basado en la sabiduría de Dios, y a la vez un excelente recurso para pastores, consejeros y líderes congregacionales.

Dicen los esposos Zorrilla que el componente principal en el modelo del matrimonio de Dios es que los esposos llegan a "**ser una sola carne**".

Hoy muchos matrimonios viven como dos entidades separadas. Y para ellos son estas palabras. Permita Dios que este libro sea de gran bendición a tu vida matrimonial, tu vida familiar y a la vida de tus hijos.

Otra vez, y para finalizar, me emociono como pastor al ver una obra destinada a la restauración de la vida matrimonial y familiar y saber que Dios ha puesto en ellos una meta alcanzable. Que permanezcamos siempre atrapados en "Las redes del amor".

Como nota final, si son solteros y están pensando en casarse, este libro les ayudará en su relación con unas perspectivas más claras sobre la vida sexual en el matrimonio.

Rev. Dr. David Caraballo

Iglesia Bautista Hispana "La Voz de La Esperanza"

Charlotte, NC, Estados Unidos

Prólogo 2
Dr. Kittim Silva Bermúdez

Cuando fui invitado por los autores Héctor Y Clemencia Zorrilla, para prologar esta aportación a la literatura evangélica, y leí los capítulos que me hicieron llegar, me dije para mí mismo que no es mucho lo que yo podría decir de un trabajo tan bien desarrollado y tan bien elaborado. Pero lo prometido es deuda, y aquí va mi sencilla opinión de lo que he leído.

Actualmente, estoy escribiendo un libro titulado: *El amado y la amada del siglo XXI*, resultado de una conferencia que he dictado sobre el matrimonio dentro del contexto de una hermenéutica del Cantar de los Cantares. En mi escrito abordo la intimidad matrimonial dejando a las mentes de la pareja que se imaginen y lleguen a sus propias conclusiones. Los esposos Zorrilla, van más lejos, comparten la información práctica y no dejan divagar la imaginación. Esto le da un toque científico y no teórico a sus reflexiones sobre las relaciones sexuales en la pareja.

Los autores Héctor y Clemencia Zorrilla, con una larga experiencia y una fructífera carrera como consejeros familiares y sexólogos cristianos, en este libro: *"Recetas para enriquecer tu vida sexual: cómo disfrutar de tu sexualidad en el matrimonio"*, dan evidencia de que dominan bien el tema de la sexualidad en el cristiano. No sé de otros autores latinos y evangélicos que se hayan atrevido a tratar la temática de la sexualidad y la intimidad en la pareja cristiana de manera tan franca, directa, científica y hasta teológica, como lo han hecho los esposos y pastores Zorrilla.

Veo en el escrito la información desde el punto de vista sexual, libre de la morbosidad y el lenguaje pornográfico, usado a veces por personas bien intencionadas, incluyendo conferencistas cristianos, pero sí la debida capacidad y buen manejo del lenguaje que tratan de enseñar a otros. Esta pareja veterana toma el grano y lo descascara, toma el martillo y le da en la cabeza al clavo. Ellos les enseñan a los cristianos que es importante utilizar un lenguaje sexual sano, pero comunicativo de sus necesidades, que los pueda estimular en el disfrute del acto sexual, donde el erotismo y la intimidad son tan importantes en el disfrute de la pareja.

Es interesante cómo el hombre puede producir 50 mil espermatozoides por minuto y la mujer sólo desprende un óvulo mensual: ésta es una de las muchas observaciones que los autores afloran en su escrito. La capacidad reproductiva del hombre es mayor que la de la mujer. El hecho de enseñarles a las parejas sobre las terminaciones nerviosas en los órganos sexuales, y de no preocuparse de otras cosas que son sólo mitos sexuales, ayudará a la pareja a gozar de un verdadero y placentero acto sexual, el cual responde al buen deseo de Dios para el disfrute de la pareja heterosexual, que le dio el sexo como medio de identificación entre el hombre y la mujer, pero también como instrumento de reproducción, y satisfacción humana. Dios desea que la pareja disfrute al máximo de la bendición de la intimidad sexual.

Todo pastor y toda pareja debería leer este libro. Sé que lo que sabemos será refrescado, y lo que no sabemos será digerido. La falta de satisfacción sexual ha malogrado el matrimonio de muchas parejas jóvenes y maduras. Ninguno se ha atrevido a confesar al otro su necesidad sexual, y por ende, fingen una satisfacción que es insatisfacción que al final los hace unos miserables sexuales. Todo por la desinformación que han recibido. Muchos divorcios se habrían evitado con la correcta información de la sexualidad humana. Aunque la sexualidad no funciona independiente de la comunicación y de las buenas relaciones en una pareja, el acto sexual es la consumación y celebración de una entrega total en una pareja. Por otra parte, el acto sexual no lo es todo en la pareja, cuanto más jóvenes más necesidad del mismo; pero cuanto más entrados en años más necesidad de la intimidad emocional.

Bueno, mi gente, no deseo continuar frotando más piedras para sacar chispas; les invito a sumergirse en la lectura de tan exquisita obra. Creo que para alimentarse bien de su contenido, usted como lector tendrá que leer dos veces este libro. Le aseguro que el dinero invertido en su adquisición será de mucho provecho en las relaciones con su pareja.

Dr. Kittim Silva Bermúdez
Houston, Texas, Estados Unidos

Introducción

¡**E**stas *recetas salvarán literalmente a millones de matrimonios! El tema del sexo y de la sexualidad sigue siendo en pleno siglo XXI un mito cargado de tabúes. La ignorancia y la falsa comprensión del sexo y de la sexualidad, llevan a millones de matrimonios a la deriva, la insatisfacción, y finalmente, a la quiebra, el deterioro y destrucción de la relación marital.*

La lectura de *Recetas para enriquecer tu vida sexual: cómo disfrutar de tu sexualidad en el matrimonio,* le producirá una nueva perspectiva de amor y de la forma de amarse a millones de matrimonios. Este libro tiene la clara pretensión de convertirse en un manual de lectura obligatoria para toda persona joven o adulta que piense casarse o que se encuentra ya dentro del matrimonio. Este libro ayuda a las personas a entender las siguientes verdades necesarias:

1. **El sexo y la sexualidad fueron creadas por Dios**, y son dones buenos y agradables que él nos ha regalado para disfrutarlos dentro de la vida matrimonial, como todo lo que Dios hace que "es bueno en gran manera".

2. **Necesitamos tener una comprensión y un entendimiento adecuados del sexo y de la sexualidad.** Y no nacemos con esta comprensión y este entendimiento, sino que tenemos que adquirirlos y aprenderlos en el camino de la vida. Este libro te ayuda

a entender tu sexualidad desde la perspectiva de su creador, Dios, y también desde las perspectivas psicológicas, sociológicas, fisiológicas y culturales.

3. **La práctica de la sexualidad es una actividad placentera.** Y este placer sexual dentro del matrimonio no tiene nada de sucio, pecaminoso, lascivo, perverso, lujurioso, ni morboso. Este placer erótico fue dado por Dios, su creador, a las parejas matrimoniales para su disfrute pleno. Este libro te ayuda a NO divorciar o separar tu "espiritualidad" de tu sexualidad en el matrimonio. Los esposos pueden ser profundamente espirituales, al mismo tiempo que son intensamente sexuales y sensuales con su pareja matrimonial. Los esposos tienen un llamado especial a brindarse mutuamente placer erótico.

4. **Las parejas que aprenden a disfrutar de una sana y plena vida sexual enriquecen su matrimonio.** Y Dios es el creador de los dos: el matrimonio y la sexualidad.

5. **Los matrimonios pueden y deben disfrutar a plenitud de su vida sexual, sin miedos, culpas, ni vergüenzas.** Dios creó la sexualidad para que sea placentera, y le ha dado este regalo a los matrimonios para que disfruten plena e inmensamente del placer sexual.

6. **Este es un libro con una perspectiva cristiana sobre el sexo y la sexualidad en el matrimonio.** Las parejas aprenden que, como matrimonios cristianos, pueden

legítimamente disfrutar a plenitud de su vida sexual. Otros matrimonios que no se consideran cristianos pueden también beneficiarse de la lectura de este libro.

7. **Este es un libro práctico, que incluye ejercicios que los esposos practican durante sus actos sexuales.** Como marido y mujer, no se sientan amenazados con estos ejercicios, por el contrario, pónganlos en práctica durante sus actos sexuales.

8. **Los ejercicios sexuales que se recomiendan en este libro,** permiten que las parejas no solamente disfruten su vida sexual en el matrimonio, sino que además, poco a poco, pierdan el miedo, la culpa y la vergüenza en la práctica de sus actos sexuales.

Capítulo 1
El componente erótico del amor

"¡Dame un beso de tus labios!
Son más dulces que el vino tus caricias..."
(Cantar de los Cantares 1:2)

L a pareja amorosa contiene un componente erótico y sexualizado. Así ha sido desde que surgió su modelo original. Desde el Génesis en las Escrituras, Dios dijo a Adán y Eva: "Tengan muchos, muchos hijos; llenen el mundo y gobiérnenlo..." (Génesis 1: 28). El sexo y la sexualidad estaban presentes en el originador de la pareja amorosa: ¡Dios! Él diseñó un modelo hombre/mujer y mujer/hombre, que incluye el erotismo y las prácticas sexuales. Cuando Dios creó la primera pareja, "varón y hembra", los creó. Es decir, Dios creó un matrimonio de dos personas de sexos diferentes. Cuando Adán vio originalmente a su compañera, la llamó "varona" o mujer, pero luego de la caída de ambos la llamó "Eva", porque ¡ésta era la madre de todos los vivientes! Desde antes de que este matrimonio salido de las manos de Dios decidiera utilizar su libre albedrío para tomar sus propias decisiones y seguir su propia voluntad, NO la de su creador, Dios le había dicho: "Fructificad y multiplicad". Un hombre y una mujer se multiplican y fructifican por medio de sus actos sexuales. La práctica sexual sana ¡es componente inseparable del matrimonio entre un hombre y una mujer!

Por lo tanto, **hay tres emociones/sentimientos** que no deben existir en las prácticas eróticas o sexuales de las parejas matrimoniales. Y si existen, estas emociones/sentimientos deben tener niveles bajos. (Esta perspectiva tridimensional del análisis espiritual y psicosocial de los seres humanos es un gran aporte del Dr. José Rafael Dunker en varios de sus libros seminales, que son lecturas obligatorias para todo cristiano y todo ser humano que esté creciendo en su vida espiritual).

La primera emoción/sentimiento que debe disminuirse en las prácticas eróticas del matrimonio **es la vergüenza**. Esta emoción/sentimiento no era parte del modelo original de Dios para la pareja amorosa. "Tanto el hombre como su mujer estaban desnudos, pero ninguno de los dos sentía vergüenza de estar así", dice la Biblia (Génesis 2:25). Fue después de que ellos cortaran su relación con Dios: "En ese momento se les abrieron los ojos, y los dos se dieron cuenta de que estaban desnudos. Entonces cosieron hojas de higuera y se cubrieron con ellas" (Génesis 3:7). La vergüenza no es parte del modelo de matrimonio de Dios, ¡la transparencia, sí lo es! El acto sexual para las parejas matrimoniales debe ser algo completamente natural.

La segunda emoción/sentimiento que tiene que estar fuera del matrimonio es **el miedo** al sexo y a la sexualidad. En el modelo original, Adán no le temía a las características sexuales de su contraparte femenina, Eva. Pero tampoco Eva tenía miedo de las características eróticas de su opuesto masculino, Adán. ¡Ellos sencillamente se complementaban! Después que cortaron su comunión con el ser que les dio origen, Dios, Adán dijo estas históricas palabras: "Escuché que andabas por el jardín y tuve miedo, porque estoy desnudo; por eso me escondí" (Génesis 3:10). La emoción del miedo no es parte del modelo original de la pareja amorosa, ¡la confianza, sí lo es! Al tener relaciones sexuales, las parejas matrimoniales deben estar conscientes de que sus cuerpos "no muerden".

La tercera emoción/sentimiento que no es un componente del modelo original de la pareja amorosa es **la culpa**. Hay una pregunta importante que Dios le hizo a Adán, después que Adán se presentó ante Dios con miedo. "¿Y quién te ha dicho que estás desnudo...?" (Génesis 3:11). En otras palabras, Dios estaba inquiriéndole a Adán que descubriera dentro de él mismo, ¡la razón por la cual ahora se sentía culpable! La culpabilidad no es parte de la ecuación original del modelo de matrimonio de Dios, la capacidad de disfrutar plenamente de la sexualidad dentro del matrimonio, ¡sí lo es! Las parejas matrimoniales deben entregarse a sus actos sexuales totalmente desinhibidas, sin remordimientos, ni raíces de amarguras.

Las parejas amorosas que están en estado de matrimonio, tienen pleno derecho y la bendición de disfrutar al máximo, sin **vergüenza, miedo o culpabilidad**, de las prácticas sexuales o eróticas. Estas emociones no son partes intrínsecas del modelo original de Dios para los actos sexuales de las parejas eróticas unidas por el matrimonio.

¿Qué significa para las parejas disfrutar de la sexualidad en el matrimonio?

Que el esposo y la esposa gocen y disfruten a plenitud sus actos sexuales. Los esposos solamente disponen de **tres reglas** sobre lo que pueden o no hacer durante sus actos sexuales:

Regla uno: Que lo que hagan durante su intimidad sexual no esté textualmente prohibido en las Escrituras. Lo que Dios ha callado, nosotros no estamos autorizados a darle voz.

Regla dos: Que los dos estén completamente de acuerdo con lo que hagan durante sus actos sexuales, y que su práctica sexual se ajuste a los valores sexuales de los dos.

Regla tres: Que lo que hagan durante sus actos sexuales no resulte dañino ni doloroso a ninguno de los dos, sino por el contrario, placentero, dentro de los parámetros del placer sexual saludable, no morboso.

Los esposos que disfrutan sus actos sexuales hacen las siguientes tres cosas: (1) practican su sexualidad con creatividad, (2) rompen con la rutina, (3) inventan cosas nuevas que les permitan gozarse y disfrutarse mutuamente. Además, los esposos que disfrutan sus actos sexuales, incluyen en estos su espiritualidad, sus emociones positivas, y sus sentidos físicos del cuerpo: vista, oído, tacto, gusto, olor, junto a una sana imaginación creativa. Estos esposos conocen, disfrutan y practican varias posiciones corporales, que permiten que sus actos sexuales estén llenos de variedad, alegría, júbilo y expansión espiritual, emocional y física.

Conversatorio capítulo 1

(Elija UNA sola respuesta para cada pregunta)

(1) La sexualidad en el matrimonio es pecaminosa.

Verdad___ Media verdad____ Falso____ Medio falso____

(2) Hay algo malo y sucio en la sexualidad en el matrimonio.

Verdad___ Media verdad___ Falso____ Medio falso___

(3) Dentro del matrimonio, la sexualidad está totalmente APROBADA por Dios.

Verdad___ Media verdad___ Falso___ Medio falso___

(4) Adán y Eva disfrutaron de mucho sexo ANTES de que pecaran.

Verdad___ Media verdad___ Falso___ Medio falso___

(5) Dios le dio la sexualidad a Adán y Eva para que la disfrutaran en el Paraíso.

Verdad___ Media verdad___ Falso___ Medio falso___

(6) Es saludable y placentero que durante sus actos sexuales las parejas disfruten de diferentes posiciones corporales.

Verdad ____ Media verdad ____ Falso _____ Medio falso

_____

(7) Las caricias orales (sexo oral), es decir, que el esposo bese la vagina de su esposa y la esposa bese el pene de su esposo, es una práctica sexual totalmente legítima dentro del matrimonio, si los dos están de acuerdo.

Verdad ____ Media verdad ____ Falso ____ Medio falso

_____

(8) Las parejas que disfrutan plenamente de sus actos sexuales, están practicando una parte muy importante de la vida matrimonial, que enriquece la relación marital entre el esposo y la esposa.

Verdad ____ Media verdad ____ Falso ____ Medio falso

_____

Lectura sabrosa

Lectura sabrosa # 1: Siete funciones que tienen los actos sexuales en el matrimonio.

(1) Seguir reproduciendo el germen de la vida dada por Dios. Los actos sexuales tienen la posibilidad de crear nuevas vidas (Génesis 1:28).

(2) Producir placer espiritual, emocional y físico. Los actos sexuales son placenteros porque Dios nos creó con las posibilidades de dar y recibir placer. Los esposos están llamados a darse de manera mutua placer erótico o sexual (Proverbios 5:15, 18-19).

(3) Crear un ambiente especial de intimidad espiritual, emocional y física. Los actos sexuales son los momentos más íntimos en los que el esposo y la esposa participan dentro del matrimonio (Génesis 2:24). Los esposos durante sus actos sexuales producen una intimidad mutua tan poderosa, santa y especial, que en la Biblia se compara a la unión de Cristo con su Iglesia (Efesios 5:31-32).

(4) Enseñar a las parejas a comunicarse a niveles sublimes. Cuando los esposos logran sus orgasmos eróticos, pierden la noción del tiempo y del espacio durante los 3 a 10 segundos que el orgasmo dura para el esposo, y los 8 a 60 segundos que el orgasmo dura para la esposa.

(5) Dios no está sujeto ni al tiempo ni al espacio. La palabra que se usa en el Antiguo Testamento para el acto sexual es: "Conocer o unirse" (Génesis 4:1).

(6) Permitir que las parejas practiquen su creatividad erótica o amorosa. Durante sus actos sexuales, los esposos tienen la oportunidad de demostrarse la creatividad que poseen, como seres creados a la "imagen y semejanza" de Dios.

(7) Descubrir y conquistar nuevos espacios psicoemocionales y físicos de cada miembro de la pareja. Los actos sexuales de los esposos les permiten conocerse mejor, para disfrutarse mejor.

(8) Abrir nuevas puertas de mutuo entendimiento y de comprensión plena. Durante sus actos sexuales, los esposos tienen la oportunidad de vencer sus miedos, sus vergüenzas y sus culpas hacia el sexo y la sexualidad.

Preguntas curiosas

Preguntas curiosas:

Para el esposo: ¿De qué color se tornan los labios de la vulva de su esposa, cuando ella se encuentra sexualmente excitada?

Para la esposa: ¿De qué color se torna el glande (cabeza) del pene de su esposo, cuando él está sexualmente excitado?

Capítulo 2
¡La Biblia y la sexualidad en el matrimonio!

"Tus pechos son dos gacelas,
dos gacelas mellizas
que pastan entre las rosas".
(Cantar de los Cantares 4:5)

El sexo en el pacto matrimonial

Dios creó a Adán y a Eva: "Cuando Dios creó al hombre, lo creó parecido a Dios mismo; hombre y mujer los creó, y les dio su bendición: tengan muchos, muchos hijos..." (Génesis 1: 27b, 28a).

La sexualidad estaba provista por Dios para ellos antes de pecar o separarse de Dios. Esa idea que enseña que el pecado de Adán y Eva consistió en que ellos tuvieron "relaciones sexuales" no tiene ningún fundamento en la Biblia. Dios unió a Adán y a Eva en matrimonio, entre otras cosas, para que se disfrutaran sexualmente de manera mutua. Adán fue el regalo sexual que Dios le dio a Eva; Eva fue el regalo sexual que Dios le concedió a Adán.

La sexualidad en el matrimonio NO separa a los humanos de Dios, por el contrario, ¡los UNE a Dios! En sus actos sexuales los esposos llegan a "ser una sola carne". Es decir, llegan a ser espiritualmente "uno solo con Dios".

"Luego, Dios, el Señor, dijo: 'No es bueno que el hombre esté solo. Le voy a crear a alguien que sea una ayuda adecuada para él'" (Génesis 2:18). La mujer, posee una vagina; el hombre tiene un pene. Dios los hizo complementos perfectos para sus prácticas sexuales. La vagina es un complemento del pene, y el pene es un complemento de la vagina. Sexualmente, el hombre y la mujer son ayuda idónea, y se complementan mutuamente.

En el matrimonio, la sexualidad no es sucia, pecaminosa, morbosa, ni lasciva. El sexo y la sexualidad son regalos preciados para el disfrute de los esposos. Todo lo que Dios crea es "bueno en gran manera".

Cuando Dios hizo una mujer y la trajo a Adán, éste al verla dijo: "¡Esta sí que es de mi propia carne y de mis propios huesos! Se va a llamar 'mujer' porque Dios la sacó del hombre. Por eso el hombre deja a su padre y su madre para unirse a su esposa, y los dos llegan a ser como una sola persona" (Génesis 2:23-24).

La palabra hebrea 'una sola' es la misma que se usa en Deuteronomio 6:4: "Oye, Israel: Jehová nuestro Dios, Jehová 'uno' es".

Dentro del pacto matrimonial, la esposa y el esposo son 'uno' en su práctica sexual, como el Padre, el Hijo y Espíritu Santo son 'uno'. Por eso dice la Biblia: "Honroso sea en todos el matrimonio..." (Hebreos 13:4a).

Pablo aconseja a los creyentes a 'huir' de la fornicación, porque el que se 'une' a una ramera (una persona con quien no se está casado(a)) se hace "un cuerpo con ella" (1 Corintios 6:15-20).

Los actos sexuales dentro del pacto matrimonial son altamente recomendados en la Biblia, aun cuando la sexualidad NO es la base de los matrimonios cristianos. Pablo dice que cada hombre tenga su propia esposa, y que cada mujer tenga su propio esposo (1 Corintios 7:2). Que los esposos cumplan con sus "deberes conyugales", es decir, de marido y mujer, ¡sus deberes sexuales de manera mutua! (1 Corintios 7:3).

Dentro del pacto del matrimonio, la mujer y el hombre que están casados, "no tienen potestad sobre sus propios cuerpos" (1 Corintios 7:4). La idea en griego es que la vagina de la esposa le pertenece al esposo; y el pene del esposo le pertenece a la esposa.

El esposo y la esposa NO pueden negarse los actos sexuales caprichosamente, a no ser por mutuo consentimiento y temporalmente, para orar juntos.

Y siempre tienen que tener frente a ellos "sus incontinencias sexuales" para evitar que Satanás los tiente debido a ellas (1 Corintios 7:5).

El pacto matrimonial 'santifica' los actos sexuales de una esposa creyente y un esposo NO creyente y viceversa. Y aun los hijos frutos de esos actos sexuales son 'santificados' (1 Corintios 7:14).

¿Por qué sucede la santificación de los hijos de un matrimonio en el que uno es creyente y el otro no, desde la perspectiva de Dios?

Porque Dios ve ese matrimonio "como una sola carne" cuando tienen relaciones sexuales, y de algunos de ellos sus hijos son engendrados. Desde la perspectiva de Dios, la práctica sexual de una pareja matrimonial es la máxima expresión de su espiritualidad.

Conversatorio capítulo 2

(1) Yo creo lo que los Padres de la Iglesia San Agustín, Tomás de Aquino y Martín Lutero, enseñaban sobre la sexualidad. La sexualidad es pecado aun dentro del matrimonio.
Verdad___ Media verdad___ Falso___ Medio falso___

(2) El placer sexual es un regalo de Dios brindado a los esposos para que lo disfruten.
Verdad___ Media verdad___ Falso___ Medio falso___

(3) Los esposos siguen siendo piadosos y espirituales disfrutando plenamente de sus deseos sexuales brindados por Dios.
Verdad___ Media verdad___ Falso___ Medio falso___

(4) "El cuerpo de la esposa pertenece a la esposo, y el cuerpo de la esposa pertenece al esposo". En el contexto del original griego eso indica que la vagina de la esposa es para el esposo, y que el pene del esposo es para la esposa.
Verdad___ Media verdad___ Falso___ Medio falso___

(5) El pecado de Adán y Eva consistió en que tuvieron relaciones sexuales.
Verdad___ Media verdad___ Falso___ Medio falso___

(6) Dios le dio la sexualidad, y el placer que ésta produce, como un regalo a los esposos para que la disfruten.

Verdad___   Media verdad___   Falso___   Medio falso___

Lectura Sabrosa

Lectura Sabrosa # 2: Los esposos se conocen o unen durante sus relaciones sexuales

La palabra que se usa en el Antiguo Testamento para describir cuando una pareja matrimonial tiene relaciones sexuales es "conocerse o unirse". Esta es una palabra que indica una comunicación íntima. Durante sus actos sexuales, los esposos exploran territorios espirituales, emocionales, psicológicos y físicos mutuos en los cuerpos de ambos. Tener relaciones sexuales le permite a los esposos no solamente dar y recibir placer, sino también conocerse, explorarse, descubrirse, destaparse, desnudarse mutuamente.

Llegar a ser una sola carne, a la vista de Dios, le permite a la pareja matrimonial practicar danzas sexuales y eróticas. Y durante ellas los esposos se conocen más, y entran a niveles profundos de intimidad espiritual, emocional y física. Los actos sexuales son la gran oportunidad que tienen las parejas matrimoniales para realmente conocerse, y llegar a las intimidades más secretas de cada uno. Dios es parte de estas danzas eróticas de los matrimonios. Dios les entregó estas danzas eróticas a los esposos como un regalo para su disfrute.

Pregunt:s curiosas

Preguntas Curiosas

Para la esposa: Dile a tu esposo alguna fantasía sexual que tienes, y pídele que la cumpla.

_____

_____

Para el esposo: Dile a tu esposa alguna fantasía sexual que tienes, y pídele que la cumpla.

_____

_____

Capítulo 3

Las bases biológicas de la sexualidad humana

"Que ponga él su izquierda bajo mi cabeza,
¡y que su derecha me abrace!"
(Cantar de los Cantares 2:6)

Nuestros padres biológicos nos legan cuarenta y seis cromosomas. Veintitrés proceden de la madre, y los otros veintitrés del padre.

◆ Estos cromosomas traen el "paquete genético" o genes que determinan las mayorías de nuestras características fisiológicas: desde el tamaño físico, el color de la piel, el tipo de cabello, tipo y color de los ojos, y hasta algunas enfermedades "genéticas".

◆ El único gen sexual de la madre es "XX"; el único gen sexual del padre es "XY". Si en el proceso de fecundación se unen un gen "X" de la madre con un gen "X" del padre, han procreado una niña. Si en este proceso se unen una "X" de la madre con una "Y" del padre, han engendrado un niño.

La maduración de los sexos: lo femenino y lo masculino. Durante sus primeras semanas de fecundación, el feto es sexualmente "indiferenciado". Pero el germen de sus sexos les es dado por la dotación genética de sus padres.

◆ La pre-adolescencia: la fase puberal del desarrollo. Durante esta fase del desarrollo las hormonas sexuales empiezan su activación acelerada. Tanto en los niños como en las niñas, empiezan a producirse marcados y visibles cambios sexuales físicos. La identidad sexual y la orientación sexual de los pre-adolescentes se tornan materias cruciales en el proceso de su desarrollo. Los modelos y los mensajes sociales que reciben los pre-adolescentes son parámetros determinantes que influencian su identidad y orientación sexual.

◆ Las hormonas sexuales: estrógenos, andrógenos, testosteronas. Estas hormonas son las responsables de las mayorías de los cambios físicos que se producen en los pre-adolescentes y en los adolescentes.

◆ La menarquia de las niñas en pubertad. Esta es la primera señal de que las muchachas adolescentes han empezado a producir óvulos.

◆ Los "sueños húmedos" o "emisiones nocturnas" de los niños en pubertad. Esta es una señal de que los muchachos adolescentes han comenzado a producir espermas.

◆ La curiosidad por lo "desconocido". Durante la adolescencia, las muchachas y los muchachos están curiosos por "descubrir" cuál es el sentido práctico de su sexualidad. Además, están experimentando en sus cuerpos un nuevo tipo de placer: el placer erótico o sexual.

Sexo y sexualidad: rasgos y características.

◆ Sexo: somos seres sexuados todo el tiempo y en todo lugar: ¡varón y hembra, mujer y hombre!

◆ Sexualidad: realizar el acto sexual; practicar lo que somos como seres sexuados.

◆ Los órganos físicos que representan los sexos: la vagina, el pene, los pezones, el glande, los bellos púbicos, el semen, los espermatozoides, los óvulos, los escrotos.

DIOS HIZO EL CUERPO CON CENTROS PLACENTEROS

◆ Los centros placenteros de la fisiología del cuerpo en el proceso del desarrollo humano.

La primera fase de este proceso es la fase oral. La boca es el primer centro fisiológico de placer. La segunda es la fase anal. El ano es el segundo centro placentero del cuerpo. La tercera es la fase fálica. El área genital o sexual es el tercer centro de placer del cuerpo. La fase mental y espiritual. Los seres humanos tenemos la capacidad de elevarnos hacia otros centros y fuentes de placer que no son meramente físicos. Esta es la fase mental y espiritual del desarrollo humano.

¿Qué produce el placer erótico o sexual que la pareja matrimonial se brinda de manera mutua?

◆ **Fisiológicamente**: las hormonas sexuales; el reflejo involuntario enviado por el cerebro a los órganos genitales; el incremento de "estrés" en los órganos sexuales; la vaso-congestión (llenarse de sangre) de los órganos genitales, ¡tocarse!

◆ **Psicológicamente**: los sentidos de la vista, el oído, el olfato, el tacto, recuerdos de experiencias placenteras, imaginaciones, fantasías.

◆ Los niveles de libido o energía sexual varían de persona a persona, y ¡aun entre sexos y culturas! (Caribeño vs. países fríos).

◆ En nuestra cultura occidental muchos esposos se quejan de que los niveles de libido o energía sexual de sus esposas son "muy bajos".

◆ La libido de la mujer es afectada por condiciones fisiológicas específicas, que no afectan la libido masculina: producción hormonal, periodo menstrual, embarazo.

◆ Tanto Masters y Johnson, como Helen Kaplan, los estudiosos más prestigiosos de la sexualidad humana en los Estados Unidos, describen la respuesta sexual humana, es decir, los actos sexuales de las parejas (practicar la sexualidad en el matrimonio), como un proceso que se realiza en cuatro etapas.

Estas cuatro etapas o fases son: **excitación o deseo, meseta, orgasmo y resolución.**

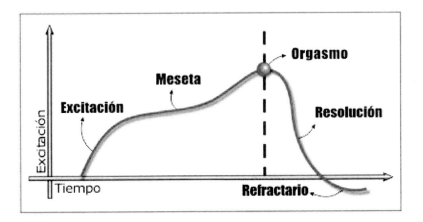

◆ **Primera fase: excitación o deseo**
*Tiene base tanto hormonal como el uso de los sentidos (vista, oído, tacto, olor, gusto), así como el uso de la imaginación y la fantasía.

*Durante esta fase, la energía erótica o sexual se despierta en el cuerpo. El cerebro es el encargado de enviarle al cuerpo los reflejos que provocan la excitación o los deseos sexuales.

¿Qué sucede en el cuerpo humano durante la fase de la excitación?

◆ **En el sexo masculino:**

Se produce la erección del pene con suficiente fuerza para penetrar la vagina femenina.

La erección del pene es un reflejo cerebral "involuntario" y un aumento de la "vaso-congestión sanguínea" en las venas del pene.

Del pene fluye un "fluido mucoso" que sirve para lubricarlo e indicar que está listo para eyacular; los escrotos se retraen para dar paso a la expulsión seminal.

¿Qué sucede en el cuerpo humano durante la fase de la excitación?

◆ **En el sexo femenino:**

La vagina se lubrica y humedece (abomba) al expeler un líquido humectante.

La vulva o labios superiores de la vagina crecen y distienden.

El clítoris crece y aumenta de tamaño al llenarse de sangre.

Los pezones se ponen rígidos y se tornan sensibles.

Como la vagina aumenta su temperatura, sus terminaciones placenteras ligadas al cerebro, especialmente en los labios superiores, se tornan sensibles.

¡El cuerpo femenino está listo para tener su orgasmo!

Segunda fase: meseta

¿Qué sucede en el cuerpo humano durante la fase de meseta?

◆ El pene está en su máxima capacidad eréctil; el glande está humedecido del fluido mucoso expelido; los escrotos están retraídos y el semen está listo para salir durante la eyaculación.

◆ ¡Todos los centros de placer del cuerpo masculino están listos para experimentar las sensaciones orgásmicas!

◆ El órgano sexual femenino, la vagina, está total o ligeramente humedecido, lo que la prepara para una penetración no dolorosa del pene.

◆ Los labios superiores de la vulva están "hinchados" lo que sirve de "almohada" a los roces del pene.

◆ El clítoris está erecto o semi-erecto, lo que permite su "frotación" o estimulación mediante la penetración del pene u otros medios.

◆ La mujer empieza a sentir "palpitaciones placenteras" en el interior de su vagina.

◆ Todas las terminaciones placenteras del cuerpo femenino están listas para experimentar el clímax u orgasmo femenino.

◆ A diferencia del hombre, la mujer permanece en meseta.

Tercera fase: el orgasmo

¿Qué sucede en el cuerpo humano durante la fase del orgasmo?

◆ El orgasmo es el punto cumbre o pináculo de la respuesta sexual.

◆ Las palpitaciones del corazón se aceleran.

◆ La respiración aumenta de nivel.

◆ La sensación placentera de lo "inevitable" se aproxima con rapidez.

◆ En unos segundos, ¡se pierde la noción del tiempo y del espacio!

◆ Se produce una "descarga eléctrica cerebral".

◆ El hombre expele el semen (eyacula).

◆ La mujer experimenta "fuertes contracciones pélvicas" dentro y alrededor de su vulva.

◆ Todo el cuerpo es invadido por una sensación de placer.

Cuarta fase: la resolución

¿Qué sucede en el cuerpo humano durante la fase de resolución?

◆ Después de la "tormenta" viene la "calma".

◆ El cuerpo vuelve a su estado inicial.

◆ ¡La mujer sigue en meseta después de su primer orgasmo! La mujer es "multi-orgásmica".

◆ El hombre pierde su erección, y entra en un periodo "refractario" que necesita tiempo para "recuperarse".

◆ Mientras la mujer se queda en meseta lista para experimentar otros orgasmos, el hombre necesita "recorrer todo el camino" y empezar de nuevo las fases de la respuesta sexual.

La sexualidad humana es esencialmente una entidad espiritual

◆ Desde el Génesis capítulo 6, la historia de la sexualidad humana ha enfatizado sus componentes fisiológicos.

◆ Todas las culturas antiguas, incluyendo la egipcia, babilónica, la mesopotámica, la persa, la griega, la romana, ¡fueron culturas eróticas y guerreras!

◆ La gran mayoría de las culturas del siglo XXI siguen siendo culturas erotizadas: Eros y la sexualidad en sus formas fisiológicas, son los centros y ejes de las vidas cotidianas de los pueblos.

◆ En pleno siglo XXI los humanos usamos la sexualidad como una "píldora curativa" contra la apatía, el aburrimiento, la soledad y ¡hasta para "curar síntomas depresivos"!

◆ Lo que millones de seres humanos hoy día llaman "hacer el amor" NO es más que el uso de la sexualidad como una "pastilla antidepresiva" y una "cura del aburrimiento y la soledad".

◆ La sexualidad humana es una entidad esencialmente espiritual, no física o material.

◆ "Parece" que hay algunos animales que tienen sexo "por placer". Pero la sexualidad animal es esencialmente física, y cumple propósitos meramente reproductivos.

◆ La sexualidad animal es instintiva, y depende básicamente de su estado de "estros".

◆ Los animales, al entrar en su periodo de "estros o calor", NO pueden controlarse ni disciplinarse.

◆ Cuando su periodo de "estros" termina, se olvidan del sexo hasta que el ciclo del "estros" regresa de nuevo.

◆ La sexualidad humana tiene componentes fisiológicos, pero ¡no es meramente física!

◆ "Dios es Espíritu" dijo Jesús en Juan 4:24.

◆ "Y creó Dios al hombre a su imagen, a imagen de Dios lo creó; varón y hembra los creó" (Génesis 1:27).

◆ El anuncio a María de cómo nacería Jesús/hombre prueba que la sexualidad NO es meramente física: "El Espíritu Santo vendrá sobre ti, y el poder del Altísimo te cubrirá con su sombra; por lo cual también el Santo Ser que nacerá será llamado Hijo de Dios" (Lucas 1:35).

◆ Tener relaciones sexuales en el matrimonio es un acto o práctica esencialmente espiritual, NO meramente fisiológica.

◆ **El orgasmo:** El corto momento del orgasmo, coloca a los seres humanos que lo experimentan ¡fuera del tiempo y el espacio!

◆ El orgasmo coloca a los seres humanos cerca de Dios, ¡quien NO está sujeto ni al tiempo ni al espacio!

La vida sexual de los matrimonios cristianos debe ser placentera y jubilosa

◆ Los matrimonios cristianos no deben traer a este mundo los llamados "hijos no planificados".

◆ Los actos sexuales de los matrimonios cristianos tienen que estar llenos de luz, alegría, y de altos grados de conciencia.

◆ Los hijos de los matrimonios cristianos deben ser concebidos en los mejores momentos del matrimonio, ¡y cuando la pareja está bien cerca de Dios!

◆ La mujer puede quedar embarazada sin experimentar un orgasmo, si su óvulo ya maduro está listo en la "Trompa de Falopio" esperando el esperma fecundador.

◆ El hombre necesita eyacular sus espermatozoides, millones en cada gota de semen, para poder fecundar al óvulo femenino.

◆ Un hijo (a) que es concebido (a) en mutuo acuerdo del matrimonio durante un "orgasmo simultáneo" (al mismo tiempo) ¡es un hijo (a) bendecido (a)!

◆ Los esposos no deben concebir hijos bajo los efectos de una borrachera, cuando están discutiendo, o con serios conflictos no resueltos.

Los actos sexuales han dado como resultado ¡siete mil millones de seres humanos en la tierra!

◆ La sexualidad humana sigue siendo el gran dilema, y el gran reto espiritual y sociocultural que los seres humanos enfrentamos en pleno siglo XXI.

◆ ¡Más de mil millones de personas en la China y más de mil millones en la India!

◆ Dentro de muy pocos años, ¡la demografía humana se duplicará!

◆ Cada ser humano que viene a este mundo es concebido por actos sexuales (aun los bancos de esperma requieren de "actos sexuales solitarios de los hombres para obtener su esperma").

◆ Y aun esta "fecundación en laboratorios" necesita del óvulo femenino, además de que el esperma fecundador y el óvulo fecundado (el feto) tienen que crecer y desarrollarse ¡en la matriz de una mujer real!

Lectura Sabrosa

Lectura Sabrosa # 3: El hombre y la mujer son ayuda idónea y se acoplan sexualmente.

Dios hizo la fisiología de nuestros cuerpos perfectos para el acoplamiento sexual. Algunas de las especies que Dios creó encuentran serias dificultades para acoplarse.

Por ejemplo, el rinoceronte. La hembra esconde sus heces bajo la tierra para dejarle señales al macho de que está receptiva sexualmente. El macho la sigue por el olor de esas heces. Cuando la encuentra, ella acepta gentilmente que él la cubra o monte. Pero debido a la forma como Dios hizo su vagina, el macho dura aproximadamente dos horas tratando de penetrarla. Cuando finalmente lo logra y la penetra, el macho es bendecido con una hora entera de orgasmos cada tres minutos. Así se asegura de que quedará embarazada.

Una queja sexual muy frecuente entre esposos es que a la esposa "le duele la cabeza" cuando el esposo le da "señales" de que desea tener relaciones sexuales con ella. Sin embargo, los rinocerontes, disfrutando de un instinto legado por Dios, su creador, vencen todas las dificultades para tener sexo. ¡Ellos no crean problemas para practicar su sexualidad!

Preguntas curiosas

Preguntas curiosas

Para el esposo: Explícale a tu esposa lo que sientes cuando tu pene penetra su vagina.

Para la esposa: Explícale a tu esposo lo que sientes cuando su pene penetra tu vagina.

Capítulo 4

Los cuatro factores primarios que crean conflictos en un matrimonio

"¡Llévame pronto contigo!
¡Llévame… a tus habitaciones!"
(Cantar de los Cantares 1:4)

Los estudios indican los siguientes cuatro factores primarios que originan conflictos graves en una pareja matrimonial en el orden en que los esposos los reportan.

1. **La crianza de los hijos.** Al llegar los hijos, la pareja se transforma en una familia nuclear. Los padres tienen que ponerse de acuerdo en los valores que le impartirán a sus hijos. Éste es un factor primario creador de tensión, estrés y conflictos en una pareja que ya es una familia nuclear.

2. **El manejo de la vida doméstica.** La pareja tiene la gran tarea de manejar adecuadamente la mini-empresa de la casa. El manejo de los asuntos cotidianos de la casa es el segundo factor creador de conflictos en el matrimonio y la familia.

3. **El manejo de la vida económica o finanzas.** Una pareja y una familia saludable tiene que manejar sus finanzas saludablemente. La manera cómo la pareja gana, gasta, ahorra e invierte su dinero es el factor numero tres creador de estrés y conflictos.

4. **El manejo mutuamente satisfactorio de su sexualidad.** La sexualidad está intrínsecamente unida a las relaciones de parejas eróticas o amorosas. Desde sus orígenes, la atracción erótica es la que brinda vida y forma a la pareja erótica, amorosa o romántica. El manejo de la vida sexual o erótica es el cuarto factor que crea tensión y conflictos. Aunque a partir del tercer año de matrimonio, las parejas perciben sus conflictos en esta área como el número uno.

La vida sexual es críticamente importante para parejas eróticas, amorosas o románticas. Todos traemos expectativas eróticas o sexuales al matrimonio. Pero, además, el esposo y la esposa traen cada uno al matrimonio sus "paquetes sexuales". Este "paquete sexual" que cada uno trae al matrimonio, contiene miedos, vergüenzas, culpas, tabúes, mitos, creencias, percepciones, gustos y preferencias, conocimientos e ideas erróneas del cuerpo humano, del placer sexual. El "paquete sexual" que las parejas traen a sus matrimonios es complejo. Y tanto la esposa como el esposo esperan que sus expectativas eróticas o sexuales sean satisfechas y cumplidas a cabalidad.

Muy pronto en la vida matrimonial, las parejas descubren que es imposible para cada uno cumplir totalmente con sus expectativas sexuales. Cumplir y satisfacer cabalmente con estas expectativas sexuales es imposible, entre otras razones, porque muchas de estas expectativas sexuales traídas al matrimonio son fantasiosas e ilusorias, y no están basadas en la realidad sexual de cada uno. Allí es donde empiezan los desencantos sexuales. Casi todo matrimonio experimenta, después de su tercer año de vida matrimonial, una "desilusión sexual". El esposo descubre que su esposa querida no cumple con todas las expectativas sexuales que tenía al llegar al matrimonio. La esposa descubre lo mismo: su esposo querido tiene dificultades hasta para provocarle orgasmos de manera consistente. Y aquí empiezan los conflictos sexuales y de la sexualidad en el matrimonio.

Para el esposo, la esposa no es en la intimidad sexual lo que él se imaginaba antes del matrimonio. Para la esposa, el esposo no es "el provocador constante de paraísos sexuales" que ella tenía en mente antes de casarse. Y como un número tan alto de matrimonios nunca habla o se comunica realmente sobre este tema, esa "desilusión sexual" mutua crece con el tiempo, y poco a poco erosiona la intimidad marital de los esposos.

Conversatorio capítulo 4

(Elija UNA sola respuesta para cada pregunta)

(1). Los matrimonios pueden disfrutar su sexualidad sin Miedo, Vergüenza ni Culpa.
Verdad___   Media verdad___   Falso___   Medio falso___

(2). Las EMOCIONES del Miedo, la Vergüenza y la Culpa NO existían en la sexualidad de Adán y Eva antes que ellos pecaran.
Verdad___   Media verdad___   Falso___   Medio falso___

(3). Los matrimonios sienten Miedo, Vergüenza y Culpa de su sexualidad en el matrimonio, porque los separa de su relación con Dios.
Verdad___   Media verdad___   Falso___   Medio falso___

(4). Mi pareja y yo podemos CONVERSAR sobre nuestra sexualidad sin sentir Miedo, Vergüenza ni Culpa.
Verdad___   Media verdad___   Falso___   Medio falso___

(5). Mi pareja y yo SIEMPRE nos complacemos MUTUAMENTE durante nuestros actos sexuales.
Verdad___   Media verdad___   Falso___   Medio falso___

(6). Mientras más "santificados" están los matrimonios, menos interés por el sexo tienen los esposos.
Verdad___ Media verdad___ Falso___ Medio falso___

(7). Mi esposo ha cumplido y sigue cumpliendo todas mis expectativas sexuales.

Verdad ____ Media verdad _____ Falso _____ Medio falso _____

(8). Mi vida sexual ha tenido cambios positivos desde que me casé.

Verdad ____ Media verdad ____ Falso _____ Medio falso _____

(9). Los orgasmos que tengo con mi pareja, son cada día más plenos y satisfactorios. Mi vida sexual mejora con los años de matrimonio.

Verdad ____ Media verdad ____ Falso ____ Medio falso _____

(10). Tengo ciertos grados de "desilusión sexual" con mi pareja. Mi pareja no cumple cabalmente con todas "las fantasías sexuales" que yo tenía cuando me casé.

Verdad ____ Media verdad _____ Falso ____ Medio falso __

Lectura Sabrosa # 4: Las fantasías y los sueños sexuales que traemos al matrimonio.

(1) Todos traemos fantasías sexuales al matrimonio. Estas fantasías sexuales se originan en nuestra infancia, y se consolidan durante nuestra maduración sexual en la adolescencia. Los mensajes visuales y auditivos que recibimos en la niñez y en la adolescencia, los medios masivos de comunicación, como la televisión, la radio, el cine y las películas, la música, juegan un papel crucial en la formación de las fantasías y sueños sexuales que traemos al matrimonio esperando que nuestra pareja los satisfaga y cumpla cabalmente.

(2) Muchas de las fantasías y sueños sexuales que esperamos que nuestra pareja matrimonial satisfaga están distorsionados. Por lo general, estas fantasías y sueños sexuales no están basados en un conocimiento apropiado del cuerpo humano. Dios hizo el cuerpo humano como un productor natural de placer. Pero este placer corporal no es solamente erótico. Nuestros cuerpos contienen otros placeres además del sexual.

(3) Hay que aprender a provocar y a disfrutar el placer erótico del cuerpo humano creado por Dios. Esta es una gran tarea de aprendizaje que tienen las parejas en el matrimonio: aprender a disfrutar al máximo el ciclo de

sus respuestas sexuales. Una de las grandes tareas de los esposos es aprender a descubrir, y luego provocar las "zonas eróticas, erógenas o sexuales" de manera mutua. Las emociones del miedo, la culpa y la vergüenza nos impiden lograr estos descubrimientos en el matrimonio.

Pero el matrimonio es el escenario provisto por Dios para que las parejas venzan sus miedos, culpas y vergüenzas cuando buscan el placer sexual de sus cuerpos durante sus actos sexuales.

Preguntas curiosas

Preguntas curiosas:

Para el esposo: ¿Cuál es el lugar, en el cuerpo de tu esposa que ella percibe como el más placentero sexualmente?

Para la esposa: ¿Qué dice tu esposo, cuando está experimentando el momento cumbre (orgasmo) del placer sexual?

Capítulo 5

Los tres niveles de la sexualidad en el matrimonio

"¡Qué agradable es sentarme a su sombra!
¡Qué dulce me sabe su fruta!"
(Cantar de los Cantares 2:3b)

 aunque la vida sexual de una pareja se reporta

en un cuarto lugar, debido a que este aspecto es consustancial a una relación romántica, millones de parejas matrimoniales perciben y sienten que la disfunción de su sexualidad es el creador número uno de conflictos en el matrimonio, ¡particularmente en parejas entre los 20 y los 40 años de edad! Este libro enfoca la vida sexual de la pareja. Hoy día no se encuentran muchos libros en español que traten ¡este aspecto importante en la vida de los matrimonios!

Nosotros creemos y tratamos el sexo y la sexualidad en la vida de un matrimonio en tres niveles:

1. **El nivel físico.** En las sociedades sexualizadas de hoy enfatizamos demasiado este nivel de la sexualidad. El noventa y cinco por ciento de los libros, y quizás todas las películas, programas de televisión, radio, temas de revistas, artículos en el Internet, canciones, etc., hablan del sexo y de la sexualidad como un asunto meramente físico y

fisiológico. La mayoría de los investigadores de la sexualidad humana (Freud, Havelock, Ellis, Masters y Johnson, Kaplan), se enfocan básicamente en la fisiología de la sexualidad. Nosotros creemos que ese exceso de énfasis es erróneo. Dios tenía otra perspectiva al crear y regalarnos la sexualidad, además de su contenido meramente físico.

2. **El nivel mental o psicológico.** Este es el nivel de la sexualidad que probablemente crea más angustias, miedos, temores, fobias, vergüenzas y culpabilidades en los seres humanos. Este nivel de la sexualidad está condicionado socioculturalmente. La sexualidad sigue siendo un tema cargado de tabúes, y creador de emociones desagradables y placenteras al mismo tiempo. El lenguaje vulgar para hablar de la sexualidad nos permite disfrutar de estas dos emociones: lo desagradable y lo placentero.

3. **El nivel espiritual.** Muy pocas parejas descubren este nivel de su sexualidad, porque se ha mantenido prácticamente oculto. Pocas parejas saben que pueden y deben practicar y profundizar su vida sexual a un nivel espiritual. De hecho, la idea central del creador del sexo y de la sexualidad, Dios, es que son entidades esencialmente espirituales, con componentes físicos que pueden medirse. Se puede medir el tiempo que dura el orgasmo, pero no se pueden medir los niveles de placer que produce el

orgasmo. El placer orgásmico es una "entidad" esencialmente espiritual.

¿"Haciendo el amor" o teniendo relaciones sexuales?

En la parte occidental del globo terráqueo vivimos inmersos en la cultura sensualizada "de hacer el amor". El cine, la televisión, las canciones, los libros, las conversaciones de adultos, jóvenes y hasta de los niños nos hablan de "hacer el amor" como beberse un vaso de agua cuando se está sediento, o comerse un buen plato de comida cuando se está hambriento. Las canciones llenan las ondas hertzianas con las letras cantadas por mujeres y hombres diciendo a voz de cuello "quiero hacerte el amor", "hagamos el amor", "hacer el amor", dando la sensación a los que escuchan las canciones, que al "hacer el amor" se resolverán todos los problemas que los seres humanos enfrentan en sus vidas cotidianas.

El amor no se hace, el amor se vive...

Mi esposa y yo le enseñamos a las parejas y a los jóvenes, que el amor no se hace, el amor se vive. El concepto de "hacer el amor" ha sido enlatado y vendido por las películas, el cine, las canciones, los libros, y ha sido y sigue siendo una mercancía ¡que deja muchos dividendos económicos! El concepto de "hacer el amor" se ha popularizado tanto en la cultura de hoy, que se ha transformado en un paradigma predominante de la cultura amorosa. Todo el mundo, jóvenes, viejos, religiosos, no religiosos, occidentales, orientales, quieren "hacerle el amor" a sus parejas. Todos los hombres tratan de conquistar a las mujeres prometiéndoles que les "harán el amor" de formas que

¡las llevarán al "quinto cielo"! Y las mujeres les piden a los hombres que ¡les "hagan el amor" de maneras exóticas, extravagantes e inolvidables! Hay toda una cultura amorosa que tiene implícita la siguiente premisa: las maneras cómo las parejas "se hagan el amor" determinan la cualidad y la cantidad del amor con que se aman. En otras palabras, ¡"hacer el amor" mide cuánto tiempo durará el "amor" de las parejas amorosas!

Pero el amor no se hace, el amor se vive. El sexo y la sexualidad sí se hacen. No existen edades específicas para amarse. Sí hay edades recomendadas para tener relaciones sexuales. Y tener relaciones sexuales NO es "hacer el amor". Millones de seres humanos tienen sexo cada día, sin tener una mínima porción de amor. En estos casos, ¡tener sexo es una función instintiva o animal! Casi todas las especies vivas practican el sexo de alguna forma. Porque practicar el sexo es la manera predominante de reproducirse.

La mayoría de estos animales tienen sexo en épocas o periodos específicos, no todo el tiempo. Los animales tienen un tiempo específico en que experimentan "calor sexual" y entran en "estros". Durante sus periodos de "estros", los animales satisfacen todos sus impulsos e instintos sexuales, y se dedican a hacer otras cosas, ¡hasta que el "calor sexual" regresa! Y existe una enorme variedad de animales en términos de qué tiempo duran sus "estros" cuándo llegan, y cuándo regresarán.

Conversatorio capítulo 5

(Elija UNA sola respuesta para cada pregunta)

(1). La sexualidad no debería ser parte de un matrimonio cristiano.

Verdad___ Media verdad___ Falso___ Medio falso___

(2). Los matrimonios cristianos pueden disfrutar a plenitud de su vida sexual.

Verdad___ Media verdad___ Falso___ Medio falso___

(3). Las parejas cristianas deben tener sexo a "oscuras" y solamente durante las noches.

Verdad___ Media verdad___ Falso___ Medio falso___

(4). Las parejas cristianas sólo pueden tener sexo en su dormitorio (en ningún otro lugar de la casa).

Verdad___ Media verdad___ Falso___ Medio falso___

(5). La única posición correcta para que un matrimonio cristiano tenga relaciones sexuales es en la "posición misionera" (el esposo arriba y la mujer debajo).

Verdad___ Media verdad___ Falso___ Medio falso___

(6). Es pecaminoso para un matrimonio cristiano tener "preámbulos sexuales" (es decir, preparar el ambiente, "cortejarse", darse mucho amor y cariño físico: besos, caricias, tocarse).

Verdad___ Media verdad___ Falso___ Medio falso___

(7). "Gozar" de la esposa y el esposo sexualmente es una parte muy importante de los matrimonios cristianos (este es un consejo bíblico que ayuda a los matrimonios a "vencer las tentaciones sexuales de Satanás" debido a nuestras "incontinencias sexuales").

Verdad___ Media verdad___ Falso___ Medio falso___

(8). Solamente el esposo puede iniciar los actos sexuales de las parejas (las esposas deben mostrarse "sumisas" y nunca manifestarles a sus esposos sus deseos sexuales).

Verdad___ Media verdad___ Falso___ Medio falso___

(9). El amor no se hace. Las parejas casadas practican su sexualidad durante sus actos sexuales.

Verdad___ Media verdad___ Falso___ Medio falso___

(10). Durante sus actos sexuales, los esposos deben disfrutar de los placeres eróticos o sexuales que sus cuerpos poseen. Dios colocó esos placeres sexuales en sus cuerpos, para que la esposa disfrute a su esposo y el esposo disfrute a su esposa.

Verdad___ Media verdad___ Falso___ Medio falso___

Lectura sabrosa # 5: Los esposos deben aprender a disfrutar al máximo los tres niveles de su vida sexual.

En el nivel físico:

El esposo tiene que, conscientemente, provocarle placer sexual a su esposa. El esposo descubre cuáles son las partes erógenas o eróticas en el cuerpo de su esposa. Si su esposa está entre la mayoría de las mujeres, las tres partes de su cuerpo que producen el mayor placer sexual serían: su clítoris, los labios de su vulva y sus pezones. Pero ella podría además tener otras partes en su cuerpo provocadoras de placer eróticos, como serían: su cuello, la espalda, las nalgas, la parte superior de las piernas próximas a su vagina, los labios de su boca, dentro de sus oídos, los dedos de sus pies, etc. La esposa tiene que seguir este mismo proceso para provocarle placer sexual a su esposo. Las partes más eróticas en el cuerpo de su esposo serían: el glande, su pene, los escrotos, su pecho, las partes sensibles que separan su ano del pene.

En el nivel psicológico:

Alrededor del 80% de la sexualidad humana es psicológica, mental, imaginativa, fantasiosa. Los esposos con adecuados grados de salud mental, emocional y psicológica, tienen más probabilidades de disfrutar sus actos sexuales. Los esposos cargados de las emociones de la culpa, el miedo y la vergüenza hacia sus cuerpos, los órganos genitales, el placer sexual que

Dios ha puesto en los cuerpos, se sienten inhibidos de producirse placer erótico, de darse caricias mutuas con el propósito de provocarse placer sexual.

Los esposos tienen que sanar sus heridas sexuales primero, y luego dedicarse a disfrutar el nivel psicológico de su sexualidad. Dios quiere que los esposos tengan aperturas psicológicas sanas hacia su sexualidad. Poco a poco, los esposos sabios, inteligentes, saludables, vencen sus miedos, sus fobias, sus tabúes, sus mitos, sus vergüenzas, sus culpas, hacia el placer corporal que Dios puso en sus cuerpos, para que los esposos disfruten de él durante sus actos sexuales. Esta es una tarea ardua que necesita mucha educación, lectura, y conversaciones sanas sobre la sexualidad, y sobre las prácticas sexuales que la pareja matrimonial realiza.

En el nivel espiritual:

Los actos sexuales de los esposos no son meramente actos físicos y fisiológicos. El placer sexual que Dios colocó en los cuerpos de los esposos también posee dimensiones espirituales. Aun en el pináculo o en los momentos cumbres de sus actos sexuales, es decir, durante el disfrute de sus orgasmos, los esposos están disfrutando de un placer sexual que no es enteramente físico. Durante el placer orgásmico que los esposos experimentan, ellos pierden la noción del tiempo y del espacio. Los orgasmos de los esposos se convierten en un momento profundamente espiritual. En estos momentos, que solamente duran de 3 a 10 segundos en los esposos y un poquito más en las esposas, los esposos se unen a Dios en una "sola carne", en su nivel más profundo y espiritual. Dios no está sujeto ni al tiempo ni al espacio. Los esposos, durante sus orgasmos, no están sujetos tampoco ni al tiempo ni al espacio. Los orgasmos unen a los esposos a Dios a un nivel espiritual, probando que Dios es el creador de la sexualidad para disfrutarla en el matrimonio.

Preguntas curiosas

Preguntas curiosas:

Para el esposo: ¿Cuál es tu último pensamiento, antes de que te llegue el "momento inevitable" o el "punto sin retorno" de tus orgasmos?

_____

_____

_____

Para la esposa: ¿En qué parte específica de tu cuerpo sientes la descarga de tus orgasmos?

_____

_____

Capítulo 6

¡Los seres humanos parecen estar en "calor sexual" todo el tiempo!

"¡Qué gratas son tus caricias…!
¡Son tus caricias más dulces que el vino, y más
deliciosos tus perfumes que todas las especias
aromáticas!"
(Cantar de los Cantares 3:10)

¡Una gran porción de la población humana ha centrado el eje de su felicidad y placer sobre el hecho de tener relaciones sexuales! Y los seres humanos parecen estar en "calor sexual" todo el tiempo, es decir, ¡las veinticuatro horas del día! Especialmente los hombres, parece que aun mientras duermen, la mayoría de sus sueños son sexuales, una de las razones por las cuales casi todos ¡despiertan cada mañana con una erección! Hay indicios de que las mujeres también tienen muchos sueños sexuales mientras duermen, y que despiertan lubricadas o húmedas.

Algunos estudios indican que es saludable y beneficioso tener relaciones sexuales dentro de la seguridad del matrimonio monógamo. Realizar el acto sexual beneficia el corazón, los pulmones, la circulación de la sangre, el flujo normal de los pensamientos, libera estrés y tensión del cuerpo, ayuda a dormir mejor; y se dice que en las mujeres contribuye a que se tornen más resistentes al dolor físico. Pero al nivel físico del sexo hay que agregarle los niveles mentales o psicológicos y el nivel espiritual.

Dentro del matrimonio, cuando una pareja tiene relaciones sexuales, el nivel espiritual del sexo la acerca a Dios. Hay dos momentos cuando todo ser humano tiene que estar cerca de Dios: cuando hace sus oraciones y cuando tiene relaciones sexuales con su pareja dentro del matrimonio monógamo. En el momento del orgasmo, cuando el espacio y el tiempo se detienen por un breve momento, las parejas matrimoniales vencen y traspasan ¡todas las barreras que el miedo, la vergüenza y la culpa trajeron e introdujeron en los "secretos sagrados" de los seres humanos después de la llegada del mal a la humanidad! Los orgasmos de los esposos son un momento intrínseco y esencialmente espiritual. Los orgasmos de los esposos contienen descargas físicas y fisiológicas medibles. Pero los placeres cumbres de los orgasmos son "entidades" espirituales.

Las relaciones sexuales deben acercar a las parejas matrimoniales a Dios

Para aquellas parejas matrimoniales que deciden tener relaciones sexuales con el determinado propósito de traer nuevas criaturas a la tierra, ¡esta actividad sexual debe ser un evento especial! Estos eventos deben estar rodeados de creatividad, inventiva, colores, música, sanidad, lucidez, inteligencia, amor, compasión, piedad, cariño, ternura,

amabilidad. Un nuevo ser humano no debe ser concebido de una manera instintiva o bestial, sino en alegría, júbilo, ternura.

Una nueva vida no debe venir al mundo como el producto de un acto sexual, en el cual sus participantes, la pareja o uno de los dos, sólo tenía la idea de vengarse del otro, o saciar "una fantasía erótica" traída desde la adolescencia, o satisfacer "curiosidades" de conocer el cuerpo del otro, y aún menos, de vivir momentos morbosos, lujuriosos, lascivos, salidos de dos cuerpos productores de "placer sin barreras".

Una nueva vida no debe venir al mundo como resultado de actos sexuales violentos, resentidos, gravosos, manipulados, controlados y cuyo fin único es ¡darle "rienda suelta" a los deseos corporales pasionales! Esos sí son deseos "carnales y terrenales". No es que la sexualidad en el matrimonio sea "carnal y terrenal". Pero las prácticas sexuales de los esposos de manera "irreverente" sí pueden ser "carnales y terrenales". Los esposos sabios e inteligentes siempre disfrutan sus prácticas sexuales reverentemente. Dios les ha brindado este don y ellos saben hacer buen uso del mismo.

¡No existe otra responsabilidad superior dada a los seres humanos por Dios que la de traer una criatura viva al mundo! El sexo y la sexualidad dentro del matrimonio son el medio provisto e ideal para lograrlo. Un hombre y una mujer tienen un gran compromiso y responsabilidad con sus actos sexuales.

El regalo de la sexualidad brindado por Dios a los esposos contiene dos poderes: el de crear una nueva vida y el de darse mutuo placer. Durante sus actos sexuales, los esposos sabios e inteligentes están siempre conscientes de estos dos poderes que sus prácticas sexuales contienen en sí mismas.

Una de las razones por las que hay tantos seres humanos que vienen al mundo débiles de espíritu, en sus mentes, en sus emociones y en sus almas, se origina en la manera como fueron concebidos. Muchos seres humanos son el producto de actos sexuales "irreverentes", irresponsables, "carnales y terrenales". Y debemos decir, que esta realidad le sucede también a muchos matrimonios cristianos debido a la ignorancia que hay sobre estos temas.

Los matrimonios cristianos deberíamos imitar a los matrimonios judíos en este aspecto. Los judíos tienen relaciones sexuales para disfrutar de los dos propósitos básicos con que Dios creó el sexo y la sexualidad: traer nuevas vidas a este mundo y disfrutar de placer mutuo. Pero los judíos han aprendido a practicar su sexualidad procreativa para concebir y traer genios a la humanidad. Los matrimonios cristianos no practicamos la sexualidad en el matrimonio cumpliendo cabalmente con estos dos propósitos divinos de la sexualidad.

Los matrimonios cristianos ni traen genios a la tierra, ni disfrutan plenamente de sus actos sexuales.

Este libro intenta romper con esa maldición. Después de la publicación de este libro, las generaciones futuras de matrimonios cristianos tienen la oportunidad de tener actos sexuales que cumplan con los dos propósitos esenciales con los que el sexo y la sexualidad fueron creados por Dios.

Este libro promueve las dos alternativas novedosas para las prácticas sexuales de los matrimonios: concebir genios, si deciden traer hijos al mundo, y disfrutar plenamente el placer sexual y erótico que Dios ha dado como regalo preciado al matrimonio.

Los actos sexuales de las parejas matrimoniales tienen que ser lúcidos, inteligentes, espirituales, amorosos, tiernos, compasivos, sanos, creativos. Todo lo que son y tienen las parejas durante sus actos sexuales, ¡se transmite a las vidas que nacen de estos actos! Los estudios indican claramente que hay componentes hereditarios en muchas de las llamadas "enfermedades mentales", como las depresiones y algunos tipos de esquizofrenias. Hay claras correlaciones hereditarias en los niveles de coeficiente intelectual y emocional de los seres humanos.

¿Qué sucede con un ser humano que es concebido en un acto sexual de dos seres en estado de embriaguez? ¿Qué sucede con los actos sexuales que los padres utilizan como una forma de deshacerse de la ira o la rabia que sienten el uno hacia el otro?

¿Qué pasa con los actos sexuales donde los padres solamente desean satisfacer sus instintos sexuales bestiales, pero que de estos nacen vidas? ¡Todo lo que las parejas son y tienen durante sus actos sexuales, se lo transmiten a los frutos o resultados de sus actos sexuales!

Por lo tanto, las relaciones sexuales de las parejas matrimoniales deben estar rodeadas de luz, calidez, ternura, amor, cariño, compasión, entrega. Estos deben ser actos especiales, planeados la mayor cantidad de veces. Las parejas matrimoniales deben estar bien cerca de Dios durante sus momentos íntimos. Deben asumir estos actos sexuales sin temor, sin vergüenza y sin culpa, porque estas emociones/sentimientos no son parte del paquete original, del modelo original de pareja amorosa que su creador, Dios, tenía en mente...

El modelo de Dios de la actividad sexual dentro del matrimonio

Estamos acostumbrados a la idea de que tener relaciones sexuales es una práctica meramente física. Los seres humanos, casi en cualquier cultura hoy en día, creen que el sexo es una motivación o necesidad. Yo (Héctor) soy psicólogo. Y entiendo que todos los libros de introducción a la psicología presentan la sexualidad como una motivación o necesidad comparable al hambre, la sed, respirar, etc. Yo estoy en desacuerdo con esa idea. Nadie ha muerto ni va a morir por NO practicar el acto sexual. De seguro que la inanición (falta de comida), la falta de agua y la carencia de oxígeno matan. Pero, la privación sexual no mata a nadie. Así que estas motivaciones o necesidades no son equivalentes ni comparables. Ellas tienen ingredientes y niveles diferentes para el bienestar de la vida. Por supuesto que si ningún ser humano realiza el sexo procreativo, llegará un momento en que la humanidad se extinguirá. Pero no sería la ausencia del acto sexual lo que mataría a todos los seres humanos, sino la vejez. ¡Morirse de vejez es diferente a morirse de abstención sexual! Millones de libros, películas, revistas, canciones nos venden la idea de que la sexualidad es una motivación o necesidad equivalente y comparable a las motivaciones del hambre, la sed, etc. No son equivalentes ni comparables.

Nuestras creencias espirituales, mentales, emocionales, psicológicas y sociales impulsan a los humanos a comportarse hacia el sexo como un ejercicio que solamente implica nuestros cuerpos físicos. Estas creencias se rigen por los siguientes paradigmas:

1. Tenemos relaciones sexuales porque nuestras hormonas sexuales se despiertan y maduran. Por lo tanto, ya soy un adulto, y parte de ser adulto, es realizar el acto sexual la mayor cantidad de veces y con la mayor cantidad de personas posibles para adquirir "experiencias sexuales".

2. Tenemos relaciones sexuales porque produce placer a nuestros cuerpos físicos. La actividad sexual es más placentera que comer, respirar, practicar deportes, trabajar, tener amigos, y aun que tener algunos hábitos dañinos y negativos. Así que debo gozar al máximo del placer que me produce el sexo.

3. Tenemos relaciones sexuales porque es una necesidad biológica, la cual tenemos que satisfacer irremediablemente. Si no lo hacemos, nos volvemos "locos" o moriremos. A mí no me interesa ni volverme loco, y mucho menos morirme por ahora. Por lo tanto, mejor realizo mucha actividad sexual.

4. ¡Tenemos relaciones sexuales porque sin sexo la vida no tiene sentido real! El único sentido existencial que tiene la vida para millones de humanos es el sexual, si no con otro ser humano, por lo menos la auto erotización o masturbación. De hecho, para una gran cantidad de seres

humanos, la única fuente de placer real es la del sexo. Estos seres humanos se han quedado detenidos en lo que Freud llamó la "etapa fálica" del desarrollo humano. Vivo mi vida como un "laberinto sin sentido". Practico el sexo para darle sentido a este "laberinto de mi vida".

¡Estas creencias y premisas sobre la actividad sexual son peligrosas! Y dejan fuera una dimensión de la sexualidad crucialmente importante, porque ésta contiene intrínsecamente una dimensión espiritual.

La sexualidad y el sexo no cumplen una función exclusivamente fisiológica del cuerpo. El acto sexual no es una motivación o necesidad en el sentido que ese término se utiliza en psicología, aunque casi todos los libros de psicología que tratan el tema lo clasifiquen como una motivación o necesidad. El hambre, la sed, la respiración, son motivaciones o necesidades primarias. Si un ser humano se priva de alguna de ellas por un tiempo considerable, ¡definitivamente se morirá!

¡Ningún ser humano se muere si se priva del acto sexual! El sexo es bueno, agradable y placentero. Es un gran y preciado regalo de Dios para los matrimonios. Pero la abstención del sexo no mata a nadie. Una persona, varón o hembra, puede pasar toda su vida sin sexo, y morirá cuando tenga que morirse como le sucede a todos los demás seres humanos que sí tienen mucho sexo. Si algún ser humano se priva de comida, de agua o de aire por un tiempo considerable, de seguro morirá antes del tiempo que le tocaba morirse.

Muchos seres humanos utilizan el acto sexual como medio de mitigar sus estados depresivos, angustias, miedos, vergüenzas, culpas, su sentido de inadecuación, sus bajos niveles de autoestima, etc. Pero ninguno ha muerto, ni se va a morir jamás, por la falta de tener muchas o ninguna relación sexual. La actividad sexual se cataloga como una motivación o necesidad equivalente y comparable a la sed, el hambre y otras, porque la perpetuación de la raza humana depende de que los seres humanos adultos y maduros tengan sexo.

Esas creencias sobre la actividad sexual han llevado a que la humanidad crezca a la astronómica cifra de siete mil millones de seres humanos. ¡Ese número se duplicará en más o menos un par de cientos de años! Es bueno que la humanidad se siga reproduciendo y perpetuando. Pero ha llegado la hora crucial en que tenemos que "agarrar por los cuernos este asunto del sexo y la sexualidad".

Tenemos que empezar a hablar, conversar, dialogar sobre temas sexuales, de la misma manera que hablamos sobre comer, beber agua, respirar. Tenemos que aprender a hablar y conversar sobre el pene, la vagina, el clítoris, el orgasmo, de la misma manera que hablamos y dialogamos sobre el corazón, los pulmones, el hígado, los riñones. Nadie se horroriza cuando alguien dice en público que "su doctor examinó su corazón, y que le permitió ver en una pantalla cómo latía". Pero aun dentro de un grupo de matrimonios, una gran cantidad se sentiría "ofendido", si una esposa dijera que la noche anterior "su esposo examinó su vagina, y que notó que los labios inferiores y superiores lucen diferentes". O que en el mismo grupo de matrimonios, un esposo dijera lo maravilloso que ha sido aprender diferentes formas para provocarle "excelentes orgasmos a su esposa". Es verdad que Dios nos dio el regalo de la sexualidad y que desea que se practique en privado. Los actos sexuales son privados y se practican entre los esposos, un hombre y una mujer, con exclusividad. Así es como su creador lo quiere, y eso es parte del manual que Él dejó a los esposos.

Pero eso no significa que el tema sexual tenga que ser un tema tabú. Un tema del cual ni siquiera los mismos esposos tengan conversaciones saludables. Un tema que no puede ser objeto de conversaciones, de diálogos en grupos. Hablar del pene, la vagina, el orgasmo, tiene que llegar a ser un tema totalmente natural, sano. No hay razones valederas para que cuando se mencione la vagina, el pene, el clítoris, el orgasmo, se cree de inmediato una atmósfera de tabú, de miedo, de vergüenza, de culpa, y un sentido de lascivia, de perversidad, de malicia, de suciedad y de morbosidad terriblemente perturbador. Ése no es el deseo de Dios para algo tan santo, bello, placentero y bueno creado por él y brindado como un regalo preciado a los matrimonios.

Lo segundo que tenemos que decir es, que el sexo no es una función meramente biológica ni que solamente implica la fisiología del cuerpo humano. Existe un nivel espiritual de realizar el acto sexual que muy pocos seres humanos lo tienen presente. Y en el matrimonio, el nivel espiritual del sexo resulta sumamente saludable para las parejas que lo practican durante sus actos sexuales.

El momento cuando una pareja tiene su orgasmo, el sitio de la cúspide en el camino o proceso del acto sexual, debe ser el momento de la verdad espiritual de la sexualidad. Si hay un momento cuando una pareja matrimonial está espiritualmente cerca de Dios, y uno del otro, es cuando están teniendo sus orgasmos.

Durante el orgasmo, los dos elementos físicos que rigen nuestras existencias se evaporan y desaparecen: **el espacio y el tiempo.** Dios no pertenece a ninguno de estos dos elementos. Nosotros, los humanos, sí estamos unidos al tiempo y al espacio. Durante el breve momento orgásmico, que dura de 3 a 10 segundos en los esposos y un poco más en las esposas, la pareja matrimonial se sale momentáneamente de las dimensiones que nos atan durante toda la vida física: ¡**el tiempo y el espacio!** En esos momentos, durante sus orgasmos, el esposo y la esposa se acercan más a Dios, quien no está sujeto ni al **tiempo ni al espacio.**

En esos momentos orgásmicos, los esposos llegan a ser "una sola carne" (una sola persona), de la misma manera que Dios existe en tres divinas personas: Padre, Hijo y Espíritu Santo. La misma palabra griega que se usa para "una sola carne" es la misma que se utiliza para decir **"Que Jehová, nuestro Dios, Jehová uno es"** (Deuteronomio 6:4).

¡Vamos al matrimonio con la falsa idea de que el sexo y la sexualidad son actos sucios, pecaminosos, y que nos conviene evitar! Esa idea está muy lejos de la verdad. Los actos sexuales en el matrimonio nos acercan a Dios, ¡aun cuando el sexo no es la base esencial de un matrimonio!

CONVERSATORIO CAPÍTULO 6

(Elija UNA sola respuesta para cada pregunta)

(1) Las mujeres eyaculan de la misma manera que el hombre.

Verdad___ Media verdad___ Falso___ Medio falso___

(2) En cada eyaculación de un hombre saludable hay unos 300 millones de espermatozoides.

Verdad___ Media verdad___ Falso___ Medio falso___

(3) Un solo espermatozoide del hombre fecunda el óvulo maduro de la mujer.

Verdad___ Media verdad___ Falso___ Medio falso___

(4) Antes de eyacular, el hombre excitado sexualmente expele por su pene un líquido "mucoso" indicándole que está listo para eyacular.

Verdad___ Media verdad___ Falso___ Medio falso___

(5) El líquido "mucoso" que sale del pene excitado del hombre contiene algunos espermatozoides que pueden embarazar a una mujer aun sin el pene penetrar la vagina.

Verdad___ Media verdad___ Falso___ Medio falso___

(6) La mayoría de las mujeres en edad reproductiva sólo producen un óvulo al mes.

Verdad___ Media verdad___ Falso___ Medio falso___

Lectura sabrosa

Lectura sabrosa # 6: Las relaciones sexuales de los esposos son altamente beneficiosas para su salud.

1. Cada vez que practican buen sexo, los esposos queman entre 100 y 150 calorías. Practicar buen sexo es un excelente ejercicio mental, emocional, espiritual, intelectual y físico.

2. Durante los actos sexuales de los esposos, los latidos de sus corazones pueden aumentar hasta 130 latidos por minuto. El sexo es un buen ejercicio cardiovascular.

3. El sexo hace que la piel se torne más flexible y elástica, mejorando su tono, su color, y contribuyendo a que se regenere.

4. El sexo desconecta a los esposos de la realidad cotidiana. Durante sus actos sexuales, los esposos "toman unas cortas vacaciones placenteras".

Los esposos sabios e inteligentes aprovechan más y mejor este regalo sabroso que Dios le ha otorgado a su matrimonio. Las prácticas sexuales de los esposos son prácticas espirituales y piadosas, porque Dios las creó para ellos especialmente. Los actos sexuales de los esposos no los separan de su Dios. Por el contrario, los acerca.

Los matrimonios cristianos deben superar esa idea de "casas de dos pisos". Los matrimonios cristianos son "casas de un solo piso". Y como tales, pueden ser personas piadosas y espirituales, al mismo tiempo que disfrutan plenamente de su vida sexual. Ése es el plan y el propósito de Dios para los matrimonios.

Preguntas curiosas

Pregunta curiosa:

Para la esposa: Describe cómo logras desconectarte de la realidad cotidiana y entregarte a disfrutar del placer sexual con tu esposo.

Para el esposo: Debido a que tu retina visual está conectada a tu pene, describe lo que sientes cuando ves a tu esposa desnuda:

Capítulo 7

¡Atrapado en "Las Redes del Amor"!

E l amor erótico o romántico está viviendo un momento crucial en la historia humana. Las energías del sexo y de la sexualidad invaden los medios masivos de comunicación. Hombres y mujeres usados poderosamente por Dios caen "atrapados en las redes del amor". Pareciera como si las energías del sexo y de la sexualidad fueran las nuevas diosas todopoderosas. Estas energías ocupan las primeras planas de los periódicos, las revistas, las páginas de los portales de Internet, los programas de televisión y de radio. Además, destruyen matrimonios, familias, iglesias, ministerios, vidas. Las noticias de los que están atrapados en "las redes del amor" nos llegan de todas las latitudes.

El concepto liviano y trivial de "hacer el amor" se ha transformado en un paradigma predominante en nuestra cultura occidental erotizada. Todo el mundo habla de "hacer el amor" como de beberse un refresco, un vaso de agua, comerse una plato delicioso, darse un baño, cambiarse de ropa, satisfacer un capricho hedonista. Hasta niños y niñas de 8 y 9 años de edad hablan "de hacer el amor" como si hablaran del juguete electrónico del momento. Por todas partes se escuchan las canciones salir de las ondas hertzianas proclamando por los aires: "quiero hacerte amor", "déjame hacerte el amor", "hagamos el amor".

El paradigma de "hacer el amor" se ha convertido en la panacea que soluciona todos los problemas humanos. "Hacerle el amor" a alguien acaba con la soledad y la alienación, termina con el estrés y la tensión, cura los síntomas de la depresión, disuelve la ansiedad, aleja el miedo, resuelve los problemas de vergüenza y de culpa. Es como si de repente "hacer el amor" fuera la "píldora curativa" encontrada para sanar todos los males espirituales, emocionales, psicológicos y hasta físicos de los seres humanos.

Y miles de millones de hombres y mujeres del siglo XXI no han encontrado otra forma de darse y dar placer a otros, que no sea utilizando sus penes y sus vaginas. Estamos viviendo unos tiempos, en que pareciera que la única y absoluta fuente de placer para los seres humanos es la que emana del uso erótico de sus penes y de sus vaginas.

Estamos atrapados en "las redes del amor". Un famoso sacerdote católico se describe a sí mismo, y en todos los medios masivos de comunicación, como "atrapado en las redes del amor". De esta misma manera se describe en los medios de comunicación a un famoso pastor evangélico. Debemos orar por estas y otras personas, y seguir el consejo bíblico de: "El que piense estar firme, mire que no caiga".

Pero estamos siendo invadidos y envenenados con estas ideas erróneas sobre el amor erótico o romántico. Desde que el amor romántico surgió en la historia de la humanidad, algunos señalan que en Francia alrededor del siglo XII, hemos enfatizado y seguimos enfatizando uno solo de sus elementos: el enamoramiento. Miles de millones de personas piensan, sienten, perciben y experimentan el amor romántico, como si solamente significara enamorarse. El enamoramiento produce sensaciones, percepciones y emociones placenteras, agradables. Enamorarse transforma positivamente elementos básicos de la personalidad humana. Algunos seres humanos experimentan el enamoramiento con claros rasgos de "locura" y desquicios psicoemocionales.

Pero como hemos planteado ya en nuestros libros, el amor erótico o romántico, no consiste solamente en enamorarse. El enamoramiento es la primera fase, etapa o puerta, por la que el amor erótico o romántico entra. En el mundo occidental ésta es una puerta importante. La fase o etapa de enamorarse, que incluye sentirse atraído, practicar el ritual de la conquista, procurar complacer a la persona objeto del enamoramiento, es solamente una fase inicial en el proceso que completa el amor erótico o romántico. Pero solamente el enamoramiento y estar enamorado no definen el amor, no lo completan.

El enamoramiento es simplemente la puerta de entrada al amor romántico. Millones de personas se quedan atrapadas en la puerta de entrada del amor romántico y no se mueven más allá. Es penoso que esta realidad se dé hasta en personas que se casan y forman familia. Quedarse en la puerta de entrada del amor romántico es una trampa, entre otras cosas, porque la tendencia de las energías del enamoramiento es la de desvanecerse con el tiempo y el uso. Las energías espirituales y psicoemocionales del enamoramiento son naturalmente imposibles de permanecer para siempre con la misma intensidad que empiezan. Por lo tanto, el amor romántico no puede definirse como estar enamorado.

Nosotros planteamos en nuestros libros que la segunda etapa del amor erótico o romántico es la pasión. Esta es la fase esencialmente erótica o sexual del amor romántico. Debido a la pasión, los enamorados deliran el uno por el otro. La fase de la pasión es posesiva, obsesiva, y particularmente el sexo masculino delira por poseer sexualmente al objeto de su amor.

Millones de personas solamente llegan a estas dos etapas en el proceso de su amor romántico: el enamoramiento y la pasión.

Los contenidos espirituales y psicoemocionales del enamoramiento y la pasión no sostienen un amor romántico a largo plazo. Tanto el enamoramiento como la pasión, tienen tendencias pasajeras, temporales, fugaces. Cuando la pasión erótica es consumida, se pierde el sentido de curiosidad y de intriga que ella contiene en sí misma. El amor romántico debe entonces trascender sus primeras fases: el enamoramiento y la pasión.

La tercera fase o etapa del amor romántico que describimos en nuestros libros es el romance/intimidad. Esta es la fase del amor romántico que permite que la pareja se conozca realmente. La fase del romance/intimidad del amor romántico contribuye a que las personas enamoradas y poseídas por la pasión, aprendan a comunicarse desde el centro de quien realmente son. El romance/intimidad permite que las parejas enamoradas y apasionadas una de la otra, confronten y enfrenten las máscaras y las falsas personalidades con las que se relacionan en las primeras dos fases del amor romántico. Ya en el matrimonio, es muy importante que las parejas cultiven y le presten especial atención a la fase del romance/intimidad. Los esposos deben practicar en sus vidas amorosas diarias el romance/intimidad, si desean tener un matrimonio que huela como un jardín bien cuidado y cultivado.

La cuarta y última etapa del amor romántico que enfatizamos en nuestros libros es el compromiso. Todo amor romántico a largo plazo, necesita sostenerse sobre la base del mutuo compromiso que la pareja tiene con su amor y con el matrimonio. El amor romántico es una mutualidad, y como tal, implica una relación comprometida con otra persona que merece respeto y confianza, tal y como todos merecemos y exigimos.

Entender el amor erótico o romántico como un proceso que contiene todas estas etapas, nos impide quedar atrapados "en las redes del amor". El verdadero amor no tiene redes, sino etapas o fases. Las parejas que transitan estas etapas de manera natural, aprenden a disfrutar del amor romántico, no a sentirse atrapadas "en sus redes".

La pasión es la fase erótica o sexual del amor. Las parejas matrimoniales tienen que amarse con pasión hasta el final. Los grados o niveles de la pasión disminuyen con el tiempo. Eso es normal y natural. Es parte del propósito de Dios al darle ese regalo de la sexualidad a los matrimonios, que sus niveles de pasión mengüen con el tiempo de casados y durante sus prácticas sexuales. Todos los matrimonios deben estar preparados mental, emocional y espiritualmente para esta realidad ineludible e inevitable.

Durante los primeros dos años de matrimonio, la pasión sexual que sienten los esposos uno por otro tiene niveles eufóricos. Si todo está bien con su vida sexual, un matrimonio en sus cinco años todavía tiene una pasión sexual alta.

A partir de los cinco años, la "curiosidad hacia lo desconocido" empieza a descender. La "búsqueda de lo novedoso" sexual en la pareja también comienza a decrecer. Esos son fenómenos normales y naturales que le ocurren a todo matrimonio.

Pero eso no significa que la pasión erótica de los esposos se acabe o descienda a cero. Los esposos sí tienen el poder de acabarla, destruirla, maltratarla, y tornarla agria, apestosa, en lugar de dulce, sabrosa, placentera y perfumada.

La Sulamita del Cantar de los Cantares mantuvo su "Jardín" (su vagina, su sexualidad femenina) fresco, oloroso, produciendo nuevas flores cada día. Y cuando ella invitaba a Salomón a comer de su "jardín", su petición resultaba irresistible para él.

Lo mismo sucedía con el "fruto" (el pene o la sexualidad masculina) de Salomón. La Sulamita deseaba comerse constantemente el "fruto" de Salomón.

Esa es una tarea que tienen los esposos con el paso de los años de vida matrimonial. Saben que el enamoramiento y la pasión bajan de nivel con los años. Pero los matrimonios sabios e inteligentes utilizan el romance/intimidad y el compromiso, para mantener los niveles de pasión erótica a niveles placenteros para ambos. Esto requiere de cuidados especiales conscientes por ambas partes. Los matrimonios que mantienen su pasión erótica disfrutable, mientras pasan los años de vida matrimonial, dedican tiempo, recursos, para cultivar conscientemente su jardín de amor.

Dios permitió que el Cantar de los Cantares fuera parte del canon de la Biblia, para que los matrimonios tuvieran la oportunidad de mantener viva, y muy viva, su pasión erótica.

Los matrimonios sabios e inteligentes saben que su pasión erótica baja de nivel de intensidad, pero sube y crece en nivel de calidad.

¿Cómo suben los esposos, mientras pasan los años de vida matrimonial, los niveles de calidad de su pasión erótica o sexual? Dedicando tiempo, energías y recursos al romance/intimidad. En la vida de estos matrimonios, los esposos no pierden el interés en los "jardines de sus esposas", sino que, desean regresar a disfrutar de sus flores con frecuencia. Las esposas en estos mismos matrimonios, tampoco pierden el interés por los "frutos" de sus esposos. Ellas anhelan seguir comiendo de estos frutos y los encuentran sabrosos y apetecibles con el paso de los años.

Conversatorio Capítulo 7

Preguntas importantes sobre sexo y sexualidad en el matrimonio

¿Cuántos espermatozoides producen los testículos?

- A. 5,000 por día

- B. 50 por minuto

- C. 5 millones por año

- D. 50.000 por minuto

La respuesta correcta es la D.

Luego que una mujer ovula, ¿durante cuánto tiempo aproximadamente es fértil el óvulo?

- A. doce horas

- B. 24 horas

- C. 3 días

- D. una semana

La respuesta correcta es la C.

¿Dónde suelen encontrarse el espermatozoide y el óvulo?

A. a la entrada de la Trompa de Falopio

B. en la Trompa de Falopio

C. en el útero

D. en la vagina

La respuesta correcta es la B.

¿Puede quedar embarazada una mujer la primera vez que tiene relaciones sexuales?

Falso___Cierto_X__

Si una mujer tiene relaciones sexuales de pie no puede quedar embarazada.

Falso_X__Cierto___

Si inmediatamente después de tener relaciones sexuales la mujer se lava la vagina con una gaseosa o vinagre, eso evita que quede embarazada.

Falso_X__Cierto___

Si el hombre retira su pene de la vagina antes de eyacular, la mujer no puede quedar embarazada.

Falso_X__Cierto___

Los espermatozoides pueden vivir entre 2 y 7 días dentro de una mujer después de ser eyaculados.

Falso___Cierto__X_

- Los dos cuerpos cavernosos y el cuerpo esponjoso del pene contribuyen a su erección al llenarse de sangre.

Falso___Cierto__X_

- Distintos penes muestran distintos ángulos de erección, pero eso no afecta su desempeño sexual.

Falso___Cierto_X__

- Los ligamentos de la base del pene se estiran, y por eso los ángulos de los penes erectos varían con el tiempo. Un hombre de 70 años tiene una erección que apunta hacia abajo, mientras en un hombre joven la erección apunta hacia arriba.

Falso___Cierto_X__

Lectura Sabrosa

Lectura Sabrosa # 7: Los esposos que mantienen una vida sexual con "chispas altas" de pasión erótica o sexual, dedican tiempo, energía y recursos a su vida romántica y de intimidad.

Dios puso la pasión erótica o sexual en los cuerpos de los esposos. Pero ellos están llamados y tienen la responsabilidad de cuidar estas energías sexuales que poseen el uno para el otro. ¿Cuáles son algunos de los enemigos que tiene la pasión sexual de los esposos?

Cuando los esposos o uno de los dos empieza a "coquetear", a mirar a otras personas del sexo opuesto. Los esposos que hacen eso están practicando una "infidelidad emocional" a su pareja. Pero además, están desviando las energías eróticas que deben estar enfocados y centrados en su pareja. Poco a poco, este comportamiento se vuelve un hábito negativo para el mantenimiento proactivo del matrimonio.

Practique lo contrario: cuando sienta las energías de la pasión sexual alta, dígaselo a su pareja. "Amor, cariño, cielito, (cualquier nombre dulce con que usted llama a su pareja), hoy quiero llevarte al 'paraiso' ". Dependiendo de la situación, prepare el ambiente para que practiquen sexo "rapidito", "casero" o "gourmet". (En los ejercicios de este libro se explican estos tres tipos de sexo).

Coquetee con su pareja. Párese frente a su pareja en ropas íntimas mientras ve la televisión. Eso funciona bien con muchos esposos. Dígale que algo se rompió en el baño y que necesita urgentemente su presencia allí; tenga todo preparado para practicar el sexo aperitivo o "rapidito" en el baño. La esposa está leyendo en la cama, y el esposo se le para en frente desnudo haciendo una danza india con sabor cristiano.

Las parejas matrimoniales permiten que la pasión erótica mutua baje de nivel poco a poco, descuidándola, maltratándola, y no invirtiendo el tiempo, las energías y los recursos necesarios para mantenerla viva, ardiente, fresca y deseable. Los matrimonios pagan un precio muy alto cuando hacen esto. Pero ganan grandes dividendos cuando hacen lo contrario.

Preguntas curiosas

Preguntas curiosas

Para la esposa: Cómprate un panty o bragas del color preferido de tu esposo, de esos que se deshacen al tocarlos. Prepara el ambiente y la ocasión especial, y usa el panty especial que compraste para la ocasión. ¡Tu esposo se llevará una sorpresa cuando tu panty se vaya destruyendo en sus manos y en su boca!

Para el esposo: Vete a una tienda donde vendan ropas íntimas de mujer. Escoge dos panties o bragas como los que a ti te gustaría ver en tu esposa durante el acto sexual. Prepara la ocasión, y lleva a tu esposa a un lugar especial por una noche. Solos ustedes dos. Amanezcan en ese lugar y dile a ella que use los dos panties que compraste, en dos ocasiones especiales, durante esa misma noche. Que lo disfruten.

Capítulo 8

¡Los cristianos no tenemos lenguaje sexual!

"Tus pechos son dos gacelas,
dos gacelas mellizas,
que pastan entre las rosas"
(Cantar de los Cantares 4:5)

Existen tres niveles del lenguaje para hablar y entender la sexualidad humana.

Primero, el nivel del lenguaje sexual científico. En el lenguaje científico, el órgano sexual masculino se llama pene. Si queremos un sinónimo sexual científico para el pene, tendríamos que decir "aparato reproductor". El mismo fenómeno se aplica al órgano sexual femenino que en el lenguaje sexual científico se denomina vagina.

El lenguaje sexual científico para los órganos genitales es específico, claro, preciso. Además, este lenguaje no provoca emociones ni positivas ni negativas. Las connotaciones del lenguaje sexual científico producen muy pocas imaginaciones y fantasías sexuales. Y de hecho, aunque hoy las palabras pene y vagina son de uso común (aunque todavía existen idiomas donde la vagina no tiene nombre), en realidad estos términos se incorporaron al lenguaje sexual científico recientemente. Aún hoy día, la palabra clítoris no existe en un número alto de idiomas y dialectos del mundo. Lo mismo podría decirse de la palabra orgasmo, que es todavía de uso más reciente. La humanidad ha transitado a pasos lentos y tortuosos para poder lidiar con el sexo y la sexualidad a niveles manejables de estrés, tensión y hasta angustia. Ignorar nombrar la sexualidad ha sido uno de esos largos caminos transitados por la humanidad. Y a nivel del lenguaje sexual científico, todavía nos encontramos transitando esos caminos. Hay cientos de idiomas que en sus lenguajes, diccionarios, no aparecen términos sexuales que para nosotros son tan comunes como pene, vagina, clítoris, etc.

Segundo, el nivel del lenguaje sexual infantil. Enseñamos a los niños a nombrar el pene como: "pistolita", "macanita", "bimbín", "toletito". Cada cultura tiene sus propios lenguajes sexuales infantiles, que se suman por millares. En el lenguaje sexual infantil, la vagina se llama "palomita", "cotorrita", "popolina", "cuca". Cada cultura posee millares de lenguajes sexuales infantiles para nombrar la vagina. Los padres rehusamos enseñarles a nuestros hijos los nombres científicos de los órganos sexuales masculinos y femeninos. En su generalidad, los padres seguimos la cadena o ciclo de enseñanza de la sexualidad que recibimos de nuestros progenitores, o de quienes tuvieran la responsabilidad de criarnos hasta la adolescencia. Debido al poder espiritual, emocional y psicosocial que posee la sexualidad, es muy difícil romper con este ciclo de manera natural. Para hacerlo, se requiere de un gran esfuerzo de des-aprender y re-aprender lenguajes, conceptos, ideas, valores, etc.

Tercero, el nivel del lenguaje sexual vulgar. No vamos a dar ejemplos del lenguaje vulgar en este libro. Pero todos lo conocen porque el lenguaje sexual vulgar es bastante común, popular y coloquial. El lenguaje sexual vulgar, a diferencia del lenguaje sexual científico, contiene fuertes connotaciones emocionales. Además, el lenguaje sexual vulgar evoca intensas imaginaciones y fantasías eróticas. En realidad, el uso del lenguaje sexual vulgar permite una "catarsis" o descarga emocional, comparable al orgasmo. Pronunciar una "palabrota" del lenguaje sexual vulgar, le permite a la persona manifestar "hacia fuera o públicamente" una parte de los deseos sexuales que lleva dentro, "escondidos" en lo profundo de su ser.

Más de treinta años como sexólogo, escribiendo y hablando sobre la sexualidad en las iglesias cristianas, me convencen de que los cristianos no tenemos lenguaje sexual. No utilizamos ni el lenguaje científico, ni el infantil y mucho menos el vulgar. Por lo tanto, sufrimos de "mudez sexual". Leí un escrito por el colega pastor y sexólogo, el doctor Bernardo Stamatea, acerca de un hombre cristiano que lo vino a ver y le dijo: "Se me murió el pájaro cantor". El pastor empezó a enviarlo a una veterinaria, entonces el hermano le dijo que "aunque habían nacido juntos, el pájaro murió primero". El pájaro al que se refería el hermano era su pene. Algunos hombres vienen a consulta y describen la razón de su visita como "es que ya no me canta el ruiseñor", "el pájaro ya no puede entrar en el nido", "se me cayó el plátano de la mata antes de madurar", "el carro ya no me enciende".

Es una situación muy penosa. Muchos esposos cristianos prefieren sufrir sus "penalidades" en silencio. Tengo que decir también, que existen muy pocos terapeutas sexuales cristianos. Esta es un área de consejería reciente y muy especializada.

Pero, por otro lado, la mayoría de los problemas sexuales que afectan a los matrimonios tienen soluciones fáciles. Primero, hay que descartar situaciones médicas; una vez clarificadas estas posibles razones, es bastante sencillo corregir las situaciones de las llamadas disfunciones sexuales masculinas o femeninas. Otra sección de este libro está dedicada a este importante tópico.

Los cristianos no podemos decir la palabra pene sin sentirnos culpables, con miedo y avergonzados. Como pastor y sexólogo, yo sé que tenemos muchos problemas sexuales en las iglesias al igual que en la sociedad en general. Y esto es penoso y no debería ser así. Tenemos hombres, esposos, hermanos, con problemas de erección, con eyaculación precoz o retardada, penetración dolorosa, y prefieren callarse sus males antes que hablar de lo que les sucede. Tenemos mujeres, hermanas, esposas, que nunca han tenido un orgasmo, a veces ni quisiera saben en realidad en qué consiste; esposos que no saben exactamente dónde tienen su clítoris sus esposas, y que no tienen la más mínima idea de cómo provocarle orgasmos. Pero nadie en las iglesias se atreve a hablar sobre estos temas espinosos y cargados de tabúes.

En las iglesias todavía estamos dominados y controlados por el miedo, la vergüenza y la culpa en el tema de la sexualidad. Poco a poco estamos aprendiendo para el bienestar de todos nosotros. Pero muy especialmente, para beneficio de las futuras generaciones de matrimonios cristianos. Estos matrimonios cristianos del futuro practicarán más sanamente el modelo de matrimonio de Dios. Estos matrimonios tendrán la oportunidad de vivir a plenitud el regalo de la sexualidad tal y como Dios, su creador, lo proclamó desde sus orígenes.

En las iglesias callamos la sexualidad. El tema sexual es un tema pecaminoso, sucio, cargado de lascivia, lujuria y de morbosidad. Y los cristianos nos hemos quedado sin lenguaje sexual. Los cristianos somos seres "mudos" cuando se trata del tema sexual. Y esto es penoso porque los más afectados son los matrimonios y las familias. Y este ciclo de "mudez sexual" se transmite de generación a generación como algo normal y natural. Poco a poco tenemos que romper el ciclo de maldición que afecta negativamente a millones de matrimonios y familias.

Los cristianos carecemos de un lenguaje sexual apropiado, aun cuando sabemos que el sexo y la sexualidad fueron creados por nuestro padre celestial. Y más, cuando creemos que lo que Dios hace es bueno en gran manera, como esta palabra aparece siete veces solamente en el primer capítulo del libro del Génesis: "Y vio Dios que era bueno". Y esto incluye el sexo en el matrimonio, el cual es bueno. Dios no crea mediocridades, suciedades, vulgaridades, morbosidades, perversidades. Todo lo que Dios crea, es bueno. Y el sexo y la sexualidad creadas por Dios son buenas.

Aquí es donde empiezan los matrimonios a romper estas maldiciones horribles que le roban la felicidad, la estabilidad, el éxito y la salud que Dios desea y ha provisto para los matrimonios. Tenemos que aprender a hablar y nombrar algo bello y placentero que Dios se dignó a crear y regalarnos. Y podemos empezar llamando nuestros orgasmos sexuales con naturalidad, sin morbosidad, y sin que nos cree sentimientos de miedo, vergüenza y culpa. Aceptemos la belleza y santidad del sexo y de la sexualidad, tal y como lo acepta su creador: Dios.

Con este aprendizaje, los matrimonios y las familias cristianas lograrán beneficios inmensurables.

Conversatorio Capítulo 8

Preguntas importantes sobre sexo y sexualidad en el matrimonio

El glande es la parte del pene que contiene la mayor cantidad de terminaciones nerviosas que producen placer sexual.

▼ Falso___Cierto_X

El grosor del glande del pene ayuda a que el semen eyaculado se mantenga dentro de la vagina y más cerca del cuello uterino.

▼ Falso___Cierto__X_

El glande también produce fricciones adicionales, que producen "vibraciones positivas" que ayudan a la eyaculación.

▼ Falso___Cierto__X_

El glande sirve de "amortiguador" durante el coito, para que el empuje del pene y su fricción con la vagina no la perjudique o dañe.

▼ Falso___Cierto__X_

La vulva, o parte externa de la vagina, contiene los labios menores, el clítoris, la uretra y los bulbos vestibulares.

▼ Falso___Cierto___X

La uretra, por donde la mujer orina, está complemente separada de la entrada de la vagina por donde entra el pene durante el coito.

* Falso___Cierto___X

Algunas posiciones sexuales que las parejas asumen durante sus actos sexuales en el matrimonio.

* **Los dos de pie y frente a frente**. Esta posición le permite al esposo tener más control sobre sus eyaculaciones. Es muy buena para los hombres que sufren de eyaculación precoz. Tienen que usar la imaginación con sabiduría divina, si uno de los dos es más alto que el otro.

* **Oceánica**: la mujer boca arriba, el hombre la penetra arrodillado. Por general, la mujer necesita poner algo (una almohada) debajo de sus nalgas para alzar su pelvis. Es una posición sexual muy placentera, porque permite a los dos mirarse durante el acto sexual.

* **Baile sobre el regazo**: el hombre sentado sobre una silla, la mujer se sienta sobre él. Esta es una posición sexual ricamente placentera para ambos. La esposa controla la situación sexual en esta posición, particularmente los movimientos rítmicos. Una mujer diestra y entrenada con sus músculos vaginales, puede evitar que el esposo eyacule demasiado rápido. Una ventaja de esta posición sexual, es que le permite al esposo acariciar o besar los senos y pezones de la esposa, algo que es muy placentero para los dos.

- **Las tijeras**: de frente, la mujer mete su pierna derecha entre las piernas del hombre. Esta posición sexual es muy sensual y seductora. En otra vertiente de esta posición, la esposa boca arriba, el esposo mete su pierna derecha por debajo de las suyas a nivel de su pelvis. El esposo aleja el resto de su cuerpo (como haciendo una cruz con sus cuerpos), y penetra la vagina de la esposa. Esta posición deja la mano del esposo libre, para al mismo tiempo que tiene a su esposa penetrada, poder acariciar su clítoris con su mano derecha. Una posición sexual muy cómoda para la esposa tener un primer orgasmo.

- **Las cucharas**: el hombre penetra a la mujer desde atrás. Esta posición sexual es una fantasía erótica que casi todo esposo posee en secreto. En realidad, la fantasía sexual masculina no es penetrar la vagina de la mujer desde atrás, sino penetrar su ano. Casi todo hombre sueña con tener sexo anal con su esposa. Nosotros aconsejamos que esta fantasía sexual se complete con una penetración vaginal de la esposa desde atrás. El ano no está hecho para tener relaciones sexuales, la vagina, sí. Los esposos pueden practicar la posición sexual de la penetración vaginal desde atrás en varias formas. La esposa en cuclillas boca abajo en la cama (de rodillas); la esposa doblada sostenida en la pared o en una silla; la esposa se para frente a la cama, se dobla y sostiene la mitad de su cuerpo sobre la cama. Una ventaja de esta posición sexual: las manos del esposo están libres para dar caricias a su esposa; además, ésta es probablemente la única posición de coito o penetración del pene en la vagina, en la que el esposo tiene alguna posibilidad de llegar con su pene al "Punto G" de su esposa.

- **El perrito**: esta posición sexual es una variación de la posición sexual comentada en el párrafo anterior.

- **Acostados**: la posición misionera (el hombre o la mujer arriba frente a frente). Esta es la posición sexual más común y más usada por los matrimonios cristianos. En realidad, millones de matrimonios empiezan su "luna de miel" con esta posición sexual, "matan" sus matrimonios, mueren de vejez aburridos practicándola, y finalmente, se cansan de la rutina y ¡terminan siendo matrimonios asexuales!

¿Por qué esta posición sexual goza de tanta popularidad entre los matrimonios?

Las enseñanzas sexuales de los misioneros que fueron pioneros en llevar el evangelio al mundo tienen parte de la responsabilidad. Por algo esta posición sexual tiene el llamativo nombre de "posición misionera". Esta posición sexual era la única posición para el acto sexual que enseñaban los misioneros a los matrimonios, unos minutos antes de darles la bendición nupcial.

Existe una fórmula muy simple para apagar la pasión sexual de un matrimonio: empiecen su vida sexual con la posición sexual misionera, y sigan practicando sólo esa posición durante toda su vida matrimonial.

Lectura sabrosa

Lectura Sabrosa # 8: Los matrimonios no tienen que sufrir de "mudez sexual"; por el contrario, pueden tener un lenguaje sexual rico y amplio.

¿Cómo se comunican ustedes sus deseos sexuales? ¿Utilizan lenguaje verbal? ¿Lenguaje gestual? ¿Mímica? ¿Lenguaje simbólico? ¿Adivinanzas? ¿Se miran y se guiñan los ojos? ¿Hay algún ritual específico que les indique que hoy habrá sexo?

Algunos lenguajes simbólicos o metalenguajes que las parejas usan cuando desean relaciones sexuales:

*El esposo se baña, se pone ropas cómodas, algún perfume y se acuesta temprano (generalmente con las piernas abiertas).

*La esposa se baña, se perfuma y se pone ropa sexualmente llamativa.

*La esposa acuesta a los niños temprano y apaga las luces de todas las habitaciones de la casa.

*Ya en la cama, uno de los dos apaga las luces rápido, respira fuerte, y le tira un brazo encima al otro.

*El esposo ve televisión en la cama, la esposa se para al frente de él vestida provocativamente mirándose en el espejo.

*La esposa ya acostada mirando televisión o leyendo un libro o revista; el esposo entra al cuarto, se para en frente vistiéndose con ropa interior nueva.

Preguntas curiosas

Preguntas curiosas:

Para el esposo: La próxima vez que realicen el acto sexual, antes de que suceda, con todas las luces encendidas, desnúdese y dígale a su esposa que le examine su pene, sus escrotos y el resto de esa área. Use la excusa de que usted cree "que le está naciendo algo en esa área". Pregúntele a su esposa de qué color ve ella su glande o cabeza de su pene; por último, pídale a su esposa que le rasque suavemente su escroto o testículos y le mida el pene con sus dedos tomándose todo el tiempo del mundo.

Para la esposa: Prepare una ocasión especial para realizar el acto sexual con su esposo. Dígale a su esposo, que usted piensa ir a su ginecólogo, pero que desea que su esposo le haga un examen minucioso de su área genital. Pídale a su esposo que observe el color de sus vellos púbicos; que observe bien los labios inferiores y superiores de su vulva para ver qué color tienen; y que, finalmente, localice el lugar exacto donde está su clítoris y que se lo señale con la punta de su dedo índice presionándolo suavemente. El resto lo terminan ustedes dos.

Capítulo 9

¡Cómo disfrutar el ciclo de la respuesta sexual en el matrimonio!

"Tú... novia mía,
eres jardín cerrado, cerrada fuente,
sellado manantial"
(Cantar de los Cantares 4:12)

Dios es más sabio que sabio, por lo tanto, cuando creó el sexo y la sexualidad, los colocó en nuestros cuerpos para que se manifestara mediante un ciclo de respuestas sexuales placenteras. Una de las funciones de los actos sexuales de los esposos, es que son placenteros. Y no hay nada de malo, sucio, pecaminoso, prohibido, en los placeres sexuales que los esposos se producen durante sus actos sexuales legítimos en el matrimonio. Por el contrario, toda pareja debe aprender adecuadamente a disfrutar el ciclo de su respuesta sexual cada vez que tiene actos sexuales en el matrimonio.

El placer erótico o sexual que los matrimonios se producen durante sus actos sexuales es agradable, bueno y legítimo. Cuando Dios crea a los seres humanos, "varón y hembra los creó", es decir, que los crea con la capacidad innata y natural de producirse placer erótico o sexual que emana de los cuerpos "masculinos y femeninos, varones y hembras" creados por Dios.

La primera fase en este ciclo de la respuesta sexual humana es la excitación o el deseo. Los cuerpos de los esposos deben estar excitados o tener deseos sexuales, para poder disfrutar de sus actos sexuales. Veamos cómo llega este deseo sexual inicial a los cuerpos de los esposos.

La producción hormonal juega un papel importante. Mientras normalmente la esposa produce un óvulo por mes, un hombre saludable produce unos 50.000 espermatozoides por minuto. Los estrógenos, las testosteronas, los andrógenos motivan la excitación sexual. Los sentidos (oído, tacto, gusto, vista, olor) y la imaginación y la fantasía, también despiertan los deseos sexuales. Dios dispuso en el cuerpo los deseos sexuales y estos se despiertan por medio de los instrumentos corporales e imaginativos de los esposos.

Durante esta primera fase del ciclo de la respuesta sexual, el pene tiene una erección, la vagina se humedece y crecen los labios de la vulva y los pezones femeninos. Además, el clítoris se llena de sangre y se pone rígido, los latidos del corazón y la respiración se aceleran en ambos sexos. Durante esta primera fase, los esposos experimentan una elevada tensión sexual, con expresión espiritual, emocional, psicológica y física. Esta tensión sexual produce placer emanado de los centros placenteros del cerebro.

El pene, especialmente el glande, el clítoris y los labios inferiores y superiores de la vulva, contienen abundantes terminaciones nerviosas ligadas a los centros placenteros del cerebro. Hay muy pocas terminaciones nerviosas unidas a los centros placenteros del cerebro en el orificio de la vagina de la mujer. Mientras más profundidad en el orificio de la vagina, menos terminaciones nerviosas existen ligadas a los centros placenteros. Esto deben tenerlo en cuenta los esposos, que erróneamente piensan y creen que el mayor placer sexual de sus esposas se encuentra en la profundidad de su vagina.

El mayor placer sexual de la mujer se encuentra en las partes externas de su vagina, es decir, en su clítoris y en los labios inferiores y superiores de su vulva. En estos lugares es donde los esposos tienen que concentrar su atención, para producirle mayor placer sexual a sus esposas. El glande en el pene del hombre, equivale al clítoris de la mujer en términos de placer erótico o sexual. Todo orgasmo pleno de la mujer es provocado por alguna estimulación de su clítoris. La misma regla se aplica al glande en el pene del hombre a la hora de tener su eyaculación u orgasmo masculino. En el glande del pene es donde se encuentra la mayor cantidad de terminaciones nerviosas ligadas a los centros placenteros del cerebro

La meseta o planicie es la segunda fase del ciclo de la respuesta sexual. Durante esta fase, el pene expele un fluido mucoso y se encuentra en su máxima capacidad de erección. Los labios menores y superiores de la vulva forman "una plataforma orgásmica" porque se crecen o "abomban". La mujer, por tener la capacidad biológica de ser multiorgásmica, es decir, que puede disfrutar de varios orgasmos sin llegar a la cuarta fase o la fase de resolución, puede extender la fase de meseta mucho más tiempo que el hombre. La esposa puede quedarse en la fase de meseta, mientras su esposo le produce varios orgasmos. Cuando el esposo tiene su primer orgasmo, si desea un segundo orgasmo, tiene que empezar de nuevo por la primera fase: la excitación o deseo. Los hombres tenemos un "periodo refractario" (de descanso o caída) más largo que las mujeres.

Los esposos determinan en estas dos primeras fases del ciclo de la respuesta sexual la cantidad y la cualidad e intensidad del placer sexual que la pareja se produce durante sus actos sexuales. A diferencia de los animales y otras especies, donde la excitación o deseo sexual es instintiva y cíclica (periodos de estros sexuales), nosotros los humanos no solamente podemos provocar la excitación o deseo sexual, sino también podemos disciplinarla.

Dios nos crea por medio de un acto creativo especial. A excepción de los humanos, todas las demás cosas fueron creadas con y por el poder creativo de sus palabras. Los seres humanos somos el producto, no de palabras creativas, sino de un acto creativo de Dios. "Y dijo Dios: Hagamos". Por tanto, el sexo y la sexualidad son creaciones especiales de Dios para los humanos. Las fases de excitación o deseo y la de meseta son los espacios en el ciclo de la respuesta sexual, donde las parejas despiertan el placer sexual que Dios puso en sus cuerpos. Los esposos deben disfrutar de estas dos fases del ciclo de sus respuestas sexuales sin miedo, sin culpa y sin vergüenza. El placer sexual en el matrimonio es un acto creativo especial de Dios para que lo disfrutemos a plenitud.

Conversatorio Capítulo 9

Preguntas importantes sobre sexo y sexualidad en el matrimonio

(1) El clítoris es el órgano más placentero en una mujer.

Verdad___   Media verdad___   Falso___   Medio falso___

(2) Cuando una mujer está sexualmente excitada, su clítoris se crece o se pone rígido porque se llena de sangre.

Verdad___   Media verdad___   Falso___   Medio falso___

(3) Para que una mujer tenga un orgasmo pleno, su clítoris tiene que ser estimulado (tocado, frotado) de alguna forma.

Verdad___   Media verdad___   Falso___   Medio falso___

(4) La vagina es el orificio del órgano sexual de la mujer, mientras su vulva es la parte externa de la vagina compuesta de los labios inferiores y superiores.

Verdad___   Media verdad___   Falso___   Medio falso___

(5) El mayor placer sexual de una mujer está en las partes profundas de su vagina (en lo hondo del orificio vaginal).

Verdad___   Media verdad___   Falso___   Medio falso___

Lectura sabrosa

Lectura sabrosa # 9: Los seres humanos son el producto de "un acto creativo especial de Dios". Esto incluye su sexo y su sexualidad.

Las dos primeras fases de la respuesta sexual humana, tal y como Dios la creó, preparan a la pareja matrimonial para disfrutar del "paraíso sexual" que Dios le regaló. La primera fase de estimulación o deseo sexual tiene que estar presente. La pareja tiene que despertar su libido o deseo sexual, que a veces está adormecida. Los deseos sexuales de la mayoría de los esposos se despiertan más rápido que en sus esposas. Está más o menos demostrado, que la córnea de los ojos de los hombres está ligada o conectada con los nervios de sus penes. Así que la estimulación sexual de los hombres es altamente visual. Pero, además, la estimulación sexual de los hombres es excesivamente rápida.

Las mujeres son más táctiles y sensuales. Poseen más centros conectados al placer sexual que los hombres. Las mujeres experimentan placer sexual en todo su cuerpo. Pero las esposas necesitan más tiempo para despertar sus deseos sexuales y estimular su libido. Cuando los esposos están ya "listos para tener sus orgasmos", las esposas recién empiezan a despertar su libido o deseos sexuales, que en muchas mujeres "tienen un sueño pesado".

Hay mujeres que necesitan probar un poco de testosterona, para estimular su cerebro hacia la estimulación sexual. Su médico puede ayudarla con esa parte.

Las esposas, en cualquier edad, se benefician ejercitando su músculo PC (pubocoxigeo), o músculo del amor o del orgasmo, como le llaman algunos. Este músculo controla la intensidad y la frecuencia de los orgasmos de las mujeres. Mientras más fortalecidos tienen las mujeres este músculo, más posibilidades tendrán de llegar a sus orgasmos, además, disfrutarán de orgasmos más intensos y durables (de hasta 2 minutos de duración). Al ejercitar los músculos pubocoxigeos, se imitan las mismas contracciones musculares que suceden durante los orgasmos.

¿Cómo puedes ejercitar tu músculo orgásmico? Cuando vayas a orinar, contrae tu músculo PC y detén la salida de la orina por unos segundos a propósito. Ese es el músculo que debes ejercitar durante tus ejercicios pubocoxigeos. Contrae y relaja. Empieza con tres segundos de contracción y tres segundos de relajación. Aumenta estos ejercicios hasta que te sientas cómoda durando más tiempo y haciendo un mayor número de contracciones.

La fase sexual de la meseta, planicie o plateau debería ser más larga y placentera en la vida sexual de los esposos. Es verdad que cuando los esposos llegan a esta fase ya están listos para tener sus orgasmos. Pero la fase del orgasmo no debe apresurarse, entre otras razones, porque es demasiado corta. Si la pareja ha decidido tener un "rapidito" eso es otra cosa. Y es saludable que las parejas tengan sexo "rapidito" de vez en cuando. Pero la mayor cantidad de actos sexuales de las parejas matrimoniales deben ser sexo casero y sexo gourmet. En estas dos maneras de practicar el sexo, las parejas pueden y deben prolongar su fase sexual de meseta. Es dentro de esta fase sexual donde las parejas pueden experimentar y variar las formas de brindarse y recibir placer erótico o sexual.

Preguntas curiosas

Preguntas curiosas:

Para la esposa: Las mujeres empiezan a experimentar sus orgasmos en las áreas vaginales; luego sienten sus orgasmos en todo su cuerpo, y de nuevo localizan sus orgasmos en su vagina. Pídele a tu esposo que te explique qué siente y en qué parte de su cuerpo experimenta sus orgasmos.

Para el esposo: Los hombres experimentan sus orgasmos en sus áreas genitales desde el comienzo hasta el final. Por eso los hombres comparan sus orgasmos con sus penes. Pídele a tu esposa que te explique qué siente y en qué parte de su cuerpo experimenta sus orgasmos.

Capítulo 10

¡Cómo disfrutar del ciclo de la respuesta sexual en el matrimonio!

*"Ven, amado mío, a tu jardín,
y come de sus frutos exquisitos"
(Cantar de los Cantares 4:16b)*

En el capítulo anterior vimos las dos primeras fases del ciclo de la respuesta sexual: la fase de excitación o deseo y la fase de meseta. En esta entrega nos toca analizar las otras dos fases del ciclo de la respuesta sexual: la fase del orgasmo y la fase de la resolución.

Las palabras claves en la Biblia que describen el modelo de matrimonio de Dios y que indican claramente que Dios tenía en mente desde el principio que los esposos disfrutaran del sexo y de la sexualidad, incluyendo excitarse y tener orgasmos de manera mutua, son las siguientes: "Por tanto dejará el hombre a su padre y a su madre, se unirá a su mujer (esposa) y los dos serán una sola carne" (Génesis 2: 24). Fíjense que hay tres verbos en ese pasaje: "dejar", "unirse" y "ser". Los que saben hebreo, el idioma en que se escribió el AT, dicen que las palabras "una sola" son las mismas que se usan en Deuteronomio 6: 4: "Jehová nuestro Dios... Uno es". Jesús confirma que los esposos son "una sola carne" en el modelo de matrimonio de Dios (Mateo 19: 5-6). Y San Pablo dice claramente que los esposos "No pueden negarse (sexualmente) el uno al otro" (1 Corintios 7: 5). De hecho, San Pablo usa unas palabras más fuertes todavía al señalar que "El cuerpo de la esposa (la idea en el original griego es su vagina) no pertenece a ella, sino a su esposo, y el cuerpo del esposo (la idea en el original griego es su pene) no le pertenece, sino a su esposa" (1 Corintios 7: 4). "Una sola carne" tiene otras implicaciones, pero la indicación primaria es sexual, erótica. Los esposos tienen la facultad y la responsabilidad de disfrutarse sexualmente, y entre otras cosas, esta expresión significa darse y provocarse placer erótico o sexual de manera mutua. El pináculo, cima o punto máximo de ese placer erótico o sexual que legítimamente se producen los esposos, es el orgasmo. Dios le concede a los esposos en el matrimonio el privilegio de disfrutar mutuamente del placer del orgasmo. Y en su infinita sabiduría y amor, Dios puso esta capacidad de provocarse y darse placer en los cuerpos físicos de los hombres y de las mujeres.

El orgasmo es la tercera fase en el ciclo de la respuesta sexual. Y los esposos no deben apresurarse a llegar al orgasmo, porque entre otras cosas, los orgasmos duran poco tiempo. Los orgasmos de los hombres solamente duran entre 3 y 10 segundos. La intimidad sexual de los esposos es mucho más disfrutable, cuando ellos le dedican tiempo a las primeras dos fases del ciclo sexual: la excitación y la meseta. La elevación o subida del placer sexual de los orgasmos desciende con rapidez.

Los esposos sabios e inteligentes, y con una adecuada salud sexual, dedican más tiempo a sus preámbulos eróticos o sexuales, que a la obsesión posesiva de llegar a la tercera fase del ciclo de su respuesta sexual: el orgasmo. La vida sexual de las parejas en matrimonio contiene mucho más valor e importancia que los 3 a 10 segundos que duran los orgasmos de los esposos, y los 8 a 60 segundos que duran los orgasmos de las esposas.

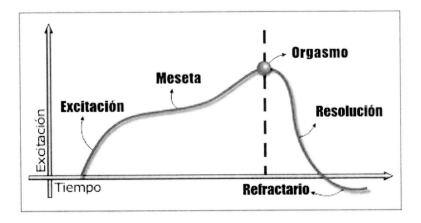

Sabemos que la cultura erotizada donde vivimos enfatiza en exceso la tercera fase del ciclo de la respuesta sexual: el orgasmo. Para empezar debemos decir, que el orgasmo solamente dura de 3 a 10 segundos, aunque algunas mujeres alargan sus orgasmos algunos segundos más. El componente físico del orgasmo del esposo es su eyaculación o expulsión del semen, con los miles de millones de espermatozoides que contiene cada gota de semen expulsado. Algunos hombres pueden expulsar el semen sin tener o disfrutar la experiencia orgásmica. Esta es una situación en la que los hombres deben consultar a su médico para que la corrija.

Durante los segundos que dura el orgasmo, tanto la esposa como el esposo pierden la noción del tiempo y del espacio. Hay una "descarga eléctrica" emanada de los centros placenteros del cerebro, que invade todo el cuerpo, pero especialmente las regiones pélvicas. La tensión sexual se eleva a su máxima capacidad, aumentan las pulsaciones del corazón y por tanto la respiración. Al liberarse la tensión sexual en el pináculo del orgasmo, los esposos sienten en sus cuerpos una sensación de profundo placer. El orgasmo es una experiencia espiritual y psicofísica productora de placer. La esposa experimenta su orgasmo como "contracciones y pulsaciones" placenteras en sus áreas pélvicas. La experiencia placentera en el área espiritual, emocional y psicofísica del orgasmo contiene la misma cualidad tanto en el esposo como en la esposa, con la excepción de la eyaculación en el hombre.

La cuarta fase del ciclo de la respuesta sexual es la resolución. Al producirse el orgasmo, los cuerpos del esposo y la esposa retornan a sus estados normales de tensión y estrés. Todo hombre, al eyacular, es decir, al tener sus orgasmos y liberar su tensión sexual, entra en un periodo "refractario" de descanso o caída sexual. En otras palabras, el pene pierde rigidez y la erección se "cae" hasta el punto de que el hombre no es capaz de penetrar la vagina de la esposa (tener coito) inmediatamente.

Para que el hombre pueda tener otros orgasmos plenos, tiene que empezar las fases del ciclo de la respuesta sexual por la primera: la fase de excitación o deseo. A un hombre joven y saludable, le toma menos tiempo recuperar la caída normal y natural de su pene que a un hombre de edad o con problemas de salud. El periodo "refractario" de los varones adolescentes y hasta los 25 años de edad es breve.

Biológicamente, la mujer tiene la capacidad dada por Dios para ser multiorgásmica. Las esposas tienen las condiciones físicas, si las condiciones espirituales, mentales y emocionales están presentes, para mantenerse en la fase de meseta después de tener varios orgasmos. En un mismo acto sexual, a diferencia de su esposo, la esposa no tiene que empezar por la primera fase del ciclo de la respuesta sexual para disfrutar de varios orgasmos. Por el contrario, ella tiene la capacidad biológica de seguir en la fase de meseta mientras disfruta de varios orgasmos en un mismo acto sexual con su esposo. Eso es lo que significa que la mujer es multiorgásmica.

El componente principal en el modelo del matrimonio de Dios es que los esposos llegan a "ser una sola carne". Y el momento cumbre de la esposa y el esposo al "ser una sola carne" es cuando tienen sus orgasmos. Debido a que tanto la esposa como el esposo tienen la capacidad otorgada por Dios para tener orgasmos, y los orgasmos no son absolutamente necesarios para procrear, es claro que Dios nos dio la capacidad de orgasmos para disfrutar del placer que estos producen. Es un placer que dura poco: de 3 a 10 segundos en los hombres y algo más en las mujeres, pero es un placer bueno y que los esposos deben disfrutar.

Además, el placer del orgasmo sexual tiene un contenido espiritual, no meramente físico. El esposo y la esposa pierden la noción del tiempo y del espacio durante sus orgasmos. Entonces, cuando los esposos disfrutan de sus orgasmos están bien cerca de Dios. Las palabras que los esposos digan en estos momentos orgásmicos, cuando están fuera del tiempo y del espacio, deben ser palabras de gratitud al creador de sus orgasmos: Dios.

Conversatorio Capítulo 10

Creencias sobre la sexualidad en el matrimonio

(1) Los labios inferiores y superiores de la vagina son los que poseen la mayor cantidad de terminaciones nerviosas productoras de placer sexual en la mujer.

Verdad___   Media verdad___   Falso___   Medio falso___

(2) Los labios inferiores y superiores de la vagina se "abomban" o crecen, formando una "plataforma orgásmica" o almohada cuando la mujer está sexualmente excitada y lista para su orgasmo.

Verdad___   Media verdad___   Falso___   Medio falso___

(3) La mujer siente lo mismo que el hombre cuando tiene su orgasmo pleno.

Verdad___   Media verdad___   Falso___   Medio falso___

(4) El pleno orgasmo del esposo dura entre 3 y 10 segundos; el pleno orgasmo de la esposa dura entre 7 y 60 segundos.

Verdad____   Media verdad____   Falso____   Medio falso____

(5) Durante el tiempo que dura el orgasmo, tanto el esposo como la esposa pierden la noción del tiempo y del espacio.

Verdad____   Media verdad____   Falso____   Medio falso____

(6) La respuesta sexual humana se produce en cuatro (4) fases.

Verdad____   Media verdad____   Falso____   Medio falso____

(7) Las cuatro (4) fases de la respuesta sexual humana son: excitación (deseo), meseta, orgasmo y resolución.

Verdad____   Media verdad____   Falso____   Medio falso____

Lectura sabrosa

Lectura sabrosa # 10: Por siglos hemos enfatizado en exceso la tercera fase de la respuesta sexual: el orgasmo.

Dios solamente crea cosas muy buenas. En realidad, Dios es "especialista" en crear lo que nosotros los humanos llamamos "milagros". El sexo y la sexualidad son dos de las cosas muy buenas creadas por Dios. Y como Dios es un Dios alegre, gozoso, feliz y lleno de placeres inmensurables, colmó su regalo del sexo y la sexualidad de placer, de gozo, de alegría.

La tercera fase de la respuesta sexual es corta, pero altamente placentera. Tan placentera, que cuando termina los esposos ya se han olvidado que acaban de disfrutarla. Especialmente los esposos. El máximo tiempo que dura un orgasmo masculino es 13 segundos; la mujer puede alargar sus orgasmos hasta una duración de sesenta segundos.

Aquí va otra lectura sabrosa sobre el tema del orgasmo. La edad pico de orgasmos para los hombres es de los dieciocho y los veinte años; la edad pico de orgasmos para las mujeres es entre los treinta y los cuarenta años. Los hombres liberan oxitoxina durante sus orgasmos, y esto los torna soñolientos; los orgasmos relajan a las mujeres, pero las mantienen despiertas y con una sensación placentera. Ellas desean acurrucarse con sus esposos después de experimentar sus orgasmos.

Si el esposo está excitado sexualmente, lo que logra con mucha facilidad, es casi imposible no tener su orgasmo; si la esposa no recibe estimulación directa o indirecta en su clítoris, le resultará casi imposible tener un orgasmo pleno. La esposa llena su necesidad emocional cuando su esposo la abraza; el esposo llena esta misma necesidad emocional en su relación sexual con su esposa.

Preguntas curiosas

Preguntas curiosas

Para el esposo: Cuando tu esposa está a punto de tener su orgasmo, o teniendo su orgasmo, si recuerda que dejó la estufa encendida, o que el niño puede despertar con los sonidos que emite su esposo, incluso si recuerda que al día siguiente le espera una reunión muy importante con su jefe, regresará al punto cero de su estimulación sexual y tendrá que empezar de nuevo sus deseos sexuales. Pregúntale a tu esposa cuál fue la última cosa en la que pensó antes de tener su orgasmo la última vez que tuvieron relaciones sexuales.

Para la esposa: Cuando tu esposo está teniendo su orgasmo, en el "punto sin retorno", puede ocurrir un terremoto, un maremoto, o un ciclón que lo vuele por los aires. Tu esposo terminará su orgasmo inevitablemente aunque muera en los dos últimos segundos, sin darse cuenta de que realmente murió. Pregúntale a tu esposo cuál fue la última cosa en la que pensó antes de tener su orgasmo la última vez que tuvieron relaciones sexuales.

Capítulo 11

Las disfunciones sexuales y la terapia sexual

"Ya he entrado a mi jardín...
...ya he probado de la miel de mi panal..."
(Cantar de los Cantares 5:1)

L a terapia sexual se refiere al trabajo terapéutico, psicológico y de consejería, que el cliente o paciente, y el psicólogo o terapeuta sexual establecen. El psicólogo o terapeuta sexual colabora con el cliente o paciente **para la solución de las dificultades que presenta en la expresión y comunicación de su sexualidad con su pareja matrimonial.**

Por lo general, los terapeutas sexuales trabajan las dificultades, problemas o disfunciones sexuales de las parejas a tres niveles: (1) el nivel de las actitudes sexuales de la pareja; (2) el nivel de los conocimientos que sobre su sexualidad la pareja posee; (3) el nivel de las disfunciones sexuales que la pareja presenta. En la presencia de cualquier dificultad sexual, el terapeuta debe enviar a la pareja para hacerse una evaluación médica desde la primera o segunda sesión. Además, el trabajo y la relación de terapia sexual se realizan con la pareja, no solamente con el cliente identificado que presenta el problema.

¿Cómo se definen las disfunciones sexuales?

Las disfunciones sexuales se refieren a las dificultades, inadecuaciones o inefectividades que las personas encuentran en el momento de practicar su sexualidad con su pareja matrimonial. Una de las características básicas de las disfunciones sexuales es que traen insatisfacciones a las personas que las padecen, debido a que quedan impedidas de realizarse en su vida sexual. Las disfunciones sexuales son padecidas tanto por los hombres como por las mujeres.

Disfunciones sexuales masculinas

(1) La disfunción eréctil o impotencia

En el sexo masculino se presentan tres tipos básicos de disfunciones sexuales: *la disfunción eréctil o impotencia,* la *eyaculación precoz y la eyaculación retardada.*

La disfunción eréctil (se prefiere este término porque el de impotencia es peyorativo e inefectivo para describir lo que en verdad sucede), puede tener dos formas: *la disfunción eréctil primaria,* que es cuando el hombre nunca ha podido ser potente en su erección con una mujer, aunque pueda tener erecciones ocasionales para masturbarse; y *la disfunción eréctil secundaria,* que se refiere a cuando el hombre funcionaba sexualmente bien hasta que apareció el problema.

Estos últimos casos son más comunes y el tratamiento es más efectivo para la corrección de la dificultad sexual.

La disfunción eréctil puede tener orígenes físicos, psicológicos o ambos. En el tratamiento de la disfunción eréctil es siempre recomendable hacer un examen médico a la persona que la sufre. Cuando la disfunción eréctil tiene causas psicológicas, por lo general el hombre que la padece pierde su libido, su motivación e interés sexual. Un componente básico de la disfunción eréctil, es que el hombre con este problema tiene bloqueado su *reflejo eréctil, que es el reflejo* que le permite que el pene tenga una erección. Un hombre con disfunción eréctil puede sentirse excitado sexualmente en determinadas situaciones, y tener fuertes deseos de tener relaciones sexuales con su esposa a la que ama, lo intenta, pero no puede lograr que su *pene tenga una erección. La erección fuerte del pene es* fundamental en el hombre para poder tener una relación sexual coital o de penetración vaginal con su esposa. Los reflejos de la eyaculación son diferentes a los reflejos de la erección. Un hombre que padece de disfunción eréctil, aún con su pene flácido por falta de erección, sería capaz de eyacular, pero no de disfrutar de una eyaculación plena.

La disfunción eréctil se presenta de manera muy diversa, y cada hombre que tiene este problema lo manifiesta con un cuadro diferente. *Todo hombre con disfunción eréctil en el momento del acto sexual con su esposa es víctima de la ansiedad.* Algunos hombres no pueden lograr la erección durante las fases anteriores al acto sexual; otros logran fácilmente la erección, pero la pierden, y el pene se vuelve flácido antes de introducirlo en la vagina de la esposa o después que lo introduce. Hay hombres con disfunción sexual eréctil que pueden mantener el pene en erección durante su manipulación manual u oral en las relaciones sexuales, pero el pene se cae durante el acto coital de la penetración en la vagina.

Algunos hombres con dificultades eréctiles mantienen la erección mientras están vestidos, pero la pierden al desnudarse o exponerse sexualmente a su pareja; otros pueden tener erección si la esposa domina la situación sexual, por ejemplo, en una posición sexual en que ella esté encima. Para algunos hombres con disfunción eréctil es todo lo contrario: si la esposa se vuelve activa durante la relación sexual, ellos no pueden funcionar. Algunos hombres con esta dificultad sexual pueden tener una erección parcial, pero su pene no alcanza la firmeza suficiente, especialmente si su esposa, una vez penetrada, le dice "que lo siente muy frío o flojo". El papel de la esposa es clave para tratar la disfunción eréctil del esposo.

Algunos hombres sufren de **disfunción eréctil total**, o sea, que no logran ni siquiera una erección parcial con sus esposas en ninguna circunstancia sexual. Otros hombres padecen una disfunción eréctil situacional, es decir, en circunstancias sexuales específicas. Se reportan casos de hombres que no manifiestan disfunción eréctil durante las relaciones sexuales ocasionales o de infidelidad sexual, pero no pueden mantener la erección en las relaciones sexuales con sus esposas. También se reportan casos contrarios: hay hombres que muestran disfunción eréctil con sus amantes por las que darían la vida y con quienes gastan fortunas, pero funcionan sexualmente bien con sus esposas. Qué sabio es Dios quien nos dio la sexualidad como un regalo de y para la pareja matrimonial monógama.

Como pueden los lectores darse cuenta, el problema de la disfunción eréctil o impotencia masculina es compleja. Cada caso es único y necesita tratamiento particular. Debemos decir además, que por lo general estos problemas no se solucionan por sí solos, sino que necesitan de tratamiento profesional.

Una disfunción eréctil, por simple que sea, en el sentido de que está ocurriendo desde hace poco tiempo, o de que sea situacional y en circunstancias específicas, debe ser tratada aunque buscar ayuda nos llene de temores y angustias. Para estos problemas no cuentan los "consejos de amigos experimentados", aunque a veces la persona que lo sufra tenga la sensación de mejoría de su situación. Si el problema existe, está ahí, y es necesario emplear técnicas que han probado ser útiles y efectivas para solucionarlo.

Los esposos que poseen la sabiduría que Dios brinda, hablan con las personas adecuadas para solucionar el problema. Estos esposos no permiten que esa dificultad destruya su matrimonio. Su matrimonio vale mucho más que el problema. Los esposos sabios e inteligentes vencen sus miedos, sus culpas y sus vergüenzas, y buscan ayuda efectiva para solucionar el problema.

Para la solución de cualquier problema sexual, incluyendo la disfunción eréctil, el hombre necesita la ayuda de su esposa. Las técnicas que el terapeuta sexual usa para la solución del problema involucran a la esposa. La vida sexual saludable implica a dos personas: el esposo y la esposa.

Es muy penoso que muchos hombres que sufren de problemas sexuales se queden en silencio. El silencio torna estos padecimientos angustiantes. La sexualidad tiene una importancia vital para todos los seres humanos psicológicamente sanos. Si los hombres que padecen este problema sexual se quedan en silencio, y no buscan ayuda profesional debido al miedo, la culpa y la vergüenza, la disfunción eréctil se agrava. Muchos hombres con estos problemas sexuales agravados se refugian en el alcohol, las drogas o el juego.

En el caso de los hombres con disfunción eréctil y que están casados, pero que no buscan soluciones a su problema sexual por temores a "exponer a otros un asunto privado", por lo general su vida matrimonial se torna un desastre. No es posible mantener un matrimonio saludable, si no se puede tener una vida sexual saludable.

Pero la disfunción eréctil sí tiene cura. Empiecen por hablar de la situación con alguien que pueda ayudar. Ocultar la situación por miedo, vergüenza y culpa no lleva a ningún lugar positivo. Todo lo contrario, empeorará la situación trayendo frustración, insatisfacción, falta de armonía y conflictos serios no resueltos a la vida matrimonial. Un esposo que no puede satisfacer sexualmente a su esposa, no solamente se está haciendo daño él, sino que también está poniendo a sufrir a su esposa grandemente. Dios desea y puede dar un matrimonio con vida sexual saludable, donde la disfunción eréctil no exista. En realidad, la disfunción eréctil no es parte del regalo sexual que Dios le ha dado al matrimonio. Dios ha provisto la ayuda, y la pareja matrimonial solamente tiene que buscarla.

(2) La eyaculación precoz o incontinencia masculina

La eyaculación precoz (eyaculatio proecox) parece ser la más corriente y común de las disfunciones sexuales masculinas. Esta disfunción sexual se presenta en los hombres de todas las edades y estratos socioeconómicos.

Es difícil definir en qué consiste la eyaculación precoz, ya que existen varios criterios para considerar que un hombre sufre de eyaculación precoz. La mayoría de los terapeutas sexuales creen "que el tiempo que transcurre entre la penetración del pene en la vagina, y la eyaculación del hombre es el criterio crucial para el diagnóstico...". O *sea, que el problema básico de un eyaculador precoz, es el poco control que puede ejercer sobre su eyaculación una vez penetra la vagina de su esposa.*

Helen S. Kaplan, una terapeuta sexual especializada, dice que "la precocidad es en esencia una condición en la que el hombre es incapaz de ejercer control voluntario sobre su reflejo eyaculador, con el resultado de que una vez que está excitado sexualmente alcanza con mucha rapidez el orgasmo". Si el problema básico de un hombre con disfunción eréctil está en su reflejo de erección del pene, el problema del eyaculador precoz lo está en su reflejo eyaculador. Un hombre con un problema de eyaculación precoz una vez que se excita sexualmente, se ve impedido de controlarse y tiene que eyacular demasiado rápido.

Para algunos investigadores, un hombre sufre de eyaculación precoz si eyacula 30 segundos después de penetrar la vagina. Otros criterios para definir a un eyaculador precoz son los siguientes: si el hombre eyacula y tiene su orgasmo 2 minutos después de penetrar, o si eyacula después de 10 movimientos.

Para Masters y Johnson, dos especialistas clásicos en esta área, un hombre es eyaculador precoz "si alcanza el orgasmo antes que su mujer en más del 50% de sus actos sexuales..." Los criterios para definir a un eyaculador precoz varían de un investigador a otro, pero la eyaculación precoz es una realidad. Afecta a millones de hombres casados, cuya vida matrimonial no puede funcionar sanamente a menos que este problema se solucione.

Algunos eyaculadores precoces eyaculan durante los juegos eróticos antes del coito, mientras que otros lo hacen simplemente al ver a su esposa desnuda en actitud sexual provocativa.

¿Cuál es el problema principal de un hombre que sufre de incontinencia masculina?

El problema esencial del eyaculador precoz es el siguiente: *no controla voluntariamente su reflejo eyaculador.* Esta expresión significa, que una vez que este hombre con esta dificultad sexual está excitado, no es capaz de controlar su orgasmo. Es precisamente en este punto hacia donde se orienta el tratamiento para corregir este problema.

Otro problema que presenta un eyaculador precoz es que, debido a la angustia, temores y ansiedades que se apoderan de él en el acto sexual con su esposa, *sus sensaciones eróticas empiezan a disminuir.* Es decir, que el eyaculador precoz va sintiendo la experiencia del orgasmo como menos placentera y agradable. Además, dado que la capacidad de controlar la eyaculación es básica en el hombre para disfrutar plenamente el acto sexual, *el problema de la eyaculación precoz ocasiona dificultad en la vida sexual con su pareja.* El eyacular precoz se siente incapaz de complacer a su esposa y, por supuesto, ella no queda complacida sexualmente. Algunos esposos "resuelven este problema" provocándole orgasmos a su esposa mediante la manipulación oral o manual del clítoris. Pero muchas esposas se cansan y frustran con esta situación, y son las primeras que exigen que se busque ayuda profesional.

¿Cuáles son algunas de las causas de la eyaculación precoz?

Las causas físicas de la eyaculación precoz son raras o poco comunes, aunque es siempre factible y recomendable hacer exámenes urológico y neurológico. Por lo general, las causas que originan la eyaculación precoz son psicológicas, lo que no significa, como creen muchas personas, que no son reales; las psicológicas son tan reales como las causas físicas.

El problema básico del eyaculador precoz *está en la incontinencia o falta de control voluntario de su reflejo eyaculador.* Las técnicas modernas que se utilizan en la terapia sexual para corregir el problema se centran en ese punto. El objetivo de la aplicación de las técnicas es aumentar en el eyaculador precoz el control voluntario de su eyaculación.

Por ejemplo, Semans ideó un procedimiento sencillo: el esposo desnudo boca arriba se concentra en las sensaciones provocadas por su esposa estimulándole manualmente el pene. Cuando el esposo siente que va a eyacular, le dice a su esposa que detenga la estimulación. Esta técnica asesorada por un profesional en la materia se ha reportado como útil y efectiva en el tratamiento de la eyaculación precoz.

Otra técnica usada para corregir la eyaculación precoz es la de **"parada-arranque".** Con esta técnica la esposa tiene el control de la penetración y salida del pene en y de la vagina, y se inicia siempre con la esposa en la posición superior o encima del esposo. La esposa controla los movimientos del cuerpo y se retira cuando el esposo sienta que está cerca su orgasmo. Por supuesto que el esposo tiene que comunicarle a la esposa, verbal o por alguna otra señal acordada, cuando se acerca su eyaculación. El esposo no puede esperar "el momento sin retorno" para decirle a la esposa que retire su vagina del pene. Esta es precisamente la idea de esta técnica: enseñar al esposo, poco a poco, a disciplinar y controlar su reflejo eyaculador.

Muchos hombres pierden el control de sus reflejos eyaculatorios durante sus primeras experiencias sexuales, especialmente los que empiezan su vida sexual muy temprano en la adolescencia. Si en sus primeras experiencias sexuales fueron eyaculadores precoces, las probabilidades de que lo sigan siendo en su vida adulta de matrimonio son altas.

¿Es usted un eyaculador precoz? *La eyaculación precoz es una de las disfunciones sexuales masculinas de más sencilla curación. Además, puesto que generalmente sus causas son psicológicas, como por ejemplo, el trauma de que sucedía así en sus primeras experiencias sexuales*, este problema tiene una solución rápida y segura.

Según lo indican las dos técnicas mencionadas arriba, las soluciones para la eyaculación precoz en el esposo están en las manos de su esposa. Ella es un instrumento fundamental y necesario para solucionar el sencillo problema de eyaculación sexual en el esposo. Otra vez, Dios es más sabio que sabio, al proveerle a la pareja matrimonial, las soluciones a sus dificultades sexuales. Así ellos pueden disfrutar plenamente de ese regalo preciado que les ha sido otorgado.

(3) La eyaculación retardada

La eyaculación retardada es menos frecuente, o es menos reportada que la eyaculación precoz. Muchos hombres que sufren de disfunción eyaculatoria no son conscientes del problema. Muchas veces son sus esposas las que primero se quejan, debido a que sus relaciones sexuales se tornan "dificultosas".

Cuando los esposos deciden y vienen al terapeuta sexual, algo promovido y compelido por la esposa, generalmente el esposo no ve ningún problema. Incluso, muchos esposos se quejan ante el terapeuta, de que lo que sucede es que a la esposa no le gusta el sexo. Las quejas de estas esposas es que "mi esposo no se sacia del sexo". La situación real para ella es que el esposo dura demasiado tiempo para eyacular. La esposa se queja de que los actos sexuales resultan dolorosos al final.

¿Qué es la eyaculación retardada? Es un problema sexual que le dificulta al hombre "disparar" o soltar su reflejo eyaculador, el cual es un reflejo involuntario. Muchas veces esta situación es debida a problemas médicos, otras veces psicológicos, y la mayor parte del tiempo a los dos. Frente a una eyaculación retardada la primera recomendación del terapeuta es un examen médico. Algunos hombres pueden eyacular, pero no experimentan las sensaciones del orgasmo. Es decir, expulsan el semen sin realmente eyacular. Esta situación es totalmente médica, y muchas veces requiere de un proceso quirúrgico simple y breve.

Muchos hombres que se acostumbran a la masturbación por mucho tiempo, luego tienen problemas de eyaculación retardada con sus esposas en el matrimonio. Esta situación les ocurre también a muchos hombres que hacen que su vida sexual dependa del alcohol. Las bebidas alcohólicas deprimen los reflejos eyaculatorios.

La eyaculación retardada no tiene que ser una barrera para la salud sexual de los esposos. Las situaciones de eyaculación retardada se corrigen relativamente fáciles. Los esposos consultan a su médico primero. Si el médico lo cree necesario, referirá al matrimonio a un terapeuta sexual.

Las disfunciones sexuales femeninas

Las mujeres sufren también de problemas, dificultades o disfunciones sexuales, aunque en general les preocupa menos que a los hombres. Esta última tendencia ha ido cambiando, y las esposas se están preocupando por los problemas sexuales que les impiden disfrutar una vida sexual plena con sus esposos. Ellas acostumbran a comentar sus problemas sexuales con sus amigas muy íntimas. En realidad, los datos parecen indicar que *las disfunciones sexuales femeninas son más comunes que las disfunciones sexuales masculinas.* Estos datos han empezado a surgir después que las esposas han empezado a hablar de sus dificultades sexuales en el matrimonio.

Un problema que presentan las disfunciones sexuales masculinas y femeninas es el siguiente: millones de esposos desconocen cuáles son los componentes de sus respuestas sexuales. Y esta realidad es similar a poseer un potente automóvil, pero no saber manejarlo. Hablemos de los componentes físicos que el creador de la sexualidad, Dios, puso en esta creación suya muy especial.

Los dos componentes de la respuesta sexual

Para entender más claramente las disfunciones sexuales, los esposos deben saber lo siguiente: *la respuesta sexual tiene dos componentes distintos:(l) la respuesta vaso congestiva local,* que en la mujer se caracteriza porque en este momento su vagina se lubrica, se hinchan y coloran sus paredes y se forma en su vulva la "plataforma orgásmica"; y (2) *el componente orgásmico,* que es una descarga espasmódica e involuntaria de algunos músculos genitales, y que es el momento más placentero del acto sexual conocido como orgasmo.

Cuando la mujer tiene bloqueado el primer componente de su respuesta sexual, la respuesta vaso congestiva local, se dice que tiene una inhibición general de la excitación; es decir, que sufre de una disfunción sexual general, lo que se llama frigidez. Si una mujer sufre de frigidez, *en el aspecto psicológico,* ésta carece de sentimientos eróticos y por lo tanto, le es difícil excitarse sexualmente. Estas son las mujeres vacías sexualmente, para quienes el acto sexual con sus esposos no tiene significado profundo, y se quejan de que a sus maridos "les gusta demasiado hacer eso"; segundo, *en el aspecto fisiológico,* las mujeres con esta dificultad sexual no lubrican, su vagina no se expande y no se les forma la "plataforma orgásmica".

Cuando la mujer tiene bloqueado el segundo componente de su respuesta sexual, el componente orgásmico puede responder sexualmente tal como enamorarse, excitarse, experimentar sentimientos eróticos, lubricar, hincharse su vagina, *pero no puede alcanzar su orgasmo.* La experiencia del orgasmo es desconocida para las mujeres con esta última dificultad sexual.

Tipos de disfunciones sexuales femeninas

Hay divergencias sobre este punto entre los investigadores y los terapeutas sexuales. A nosotros nos atrae la división de las disfunciones sexuales femeninas que establece la terapeuta sexual Helen S. Kaplan. Ella habla de cuatro (4) tipos generales de disfunciones sexuales femeninas.

(1) La disfunción sexual general o frigidez. Esta es la más grave de las disfunciones sexuales femeninas. La mujer con este problema sexual disfruta poco o nada del acto sexual con su esposo. Es como una mujer vacía de sentimientos sexuales o eróticos. Las mujeres con esta dificultad, experimentan las relaciones sexuales con su esposo como un castigo que deben soportar para "conservar su matrimonio". Para algunas esposas que sufren esta dificultad, los actos sexuales con sus esposos resultan repulsivos, y tratan de evitarlos con todo tipo de excusas inimaginables. Muchas mujeres que sufren de

disfunción sexual general o frigidez, *subliman sus motivos o impulsos sexuales,* o sea, que se dedican a otros tipos de tareas o trabajos, domésticos o profesionales, etc., compensan y reprimen sus impulsos sexuales impidiendo que estos se expresen sanamente en la vida sexual con sus esposos.

(2) La disfunción orgásmica. La inorgasmia, la falta de experimentar el orgasmo, es la queja más común de las mujeres. Esta se expresa como "no sentir nada o muy poco" durante el acto sexual con el esposo. Una mujer inorgásmica puede dar todas las respuestas sexuales en términos psicológicos y fisiológicos como: tener sentimientos eróticos con o sin contacto físico, producir su lubricación vaginal sin dificultad, hincharse sus labios vaginales, etc., *pero es incapaz de tener su orgasmo de manera plena.*

La respuesta sexual de esta mujer se queda a medias, sin llegar al punto crítico, que es el clímax sexual u orgasmo femenino. En otra parte de este libro se explica cómo la respuesta sexual pasa por cuatro fases: *la fase excitatoria o de deseo, la fase de meseta, la fase de orgasmo y la resolución.* La mujer inorgásmica no experimenta la tercera fase, la del orgasmo, que es la más placentera y gratificante del acto sexual de los esposos.

(3) El vaginismo o dispareunia. Esta disfunción sexual femenina es la causa de muchos "matrimonios no consumados". El problema del vaginismo consiste en que la penetración del pene en la vagina resulta dolorosa, impidiendo así el acto coital en las relaciones sexuales.

(4) La anestesia sexual o conversión. Esta disfunción sexual femenina es un tipo especial de neurosis. Es un problema poco común y la mujer lo experimenta como "si no sintiese nada" al ser estimulada sexualmente. Una variante de esto consiste en que algunas mujeres no sienten ningún placer al ser penetradas por el esposo. Es decir, la esposa con esta dificultad no experimenta ningún placer sexual cuando su esposo penetra su vagina. Aunque algunas esposas sí experimentan placer sexual cuando sus esposos estimulan su clítoris manualmente.

La frigidez: cuando la mujer no funciona sexualmente

Hay dos condiciones psicológicas y emocionales que tanto el hombre como la mujer tienen que cumplir, para que puedan disfrutar a plenitud sus actos sexuales: (1) *relajarse: los esposos, durante sus actos sexuales, tienen que* estar en estado de relajación mental, emocional y físico, puesto que sus estados afectivos, es decir, sus emociones y sus sentimientos, juegan un papel esencial en sus respuestas sexuales; y (2) los esposos tienen que *abandonarse al placer sexual que mutuamente se están provocando,* para que las respuestas sexuales de ambos no sean bloqueadas por la ansiedad y el temor. Los esposos deben y pueden **relajarse** y **abandonarse** al placer sexual que Dios les ha regalado para su pleno disfrute.

La doctora Helen S. Kaplan plantea algunos tópicos muy importantes que ayudan a una mejor comprensión de por qué se producen las disfunciones sexuales femeninas.

Examinemos algunos de estos tópicos expuestos por la doctora Kaplan.

Dice la doctora Kaplan que los *conflictos sexuales no resueltos que tiene la mujer,* son importantes en el origen de la disfunción sexual general o frigidez. Estos conflictos sexuales no resueltos pueden ocasionar que a la mujer le sucedan las siguientes cosas durante el acto sexual con su esposo: (1) que tenga temor a alcanzar el orgasmo; (2) que ejerza una auto observación demasiado crítica sobre su sexualidad; (3) que no comunique a su esposo cuáles son sus deseos eróticos; y, (4) que sea incapaz de lograr su autonomía sexual. La autonomía sexual de una mujer es el punto en el cual la mujer conoce sus zonas erógenas o eróticas, sabe que quiere lograr en el acto sexual con su esposo y se lo pide.

Sin dudas, que todos estos elementos planteados por la doctora Kaplan son capaces de bloquear la respuesta sexual femenina, y hacer que la mujer padezca de una disfunción general o frigidez.

De la misma forma que sucede con la disfunción eréctil en el hombre, la disfunción sexual femenina general o frigidez puede presentarse de dos formas: (l) *una frigidez primaria,* en la cual la mujer jamás ha experimentado placer sexual con ningún hombre y en ninguna situación sexual; y, (2) *la frigidez secundaria. Las* mujeres con esta forma de frigidez, respondían sexualmente en el pasado, pero han perdido su capacidad sexual, y en ese aspecto de su vida, son disfuncionales e inefectivas sexualmente. Algunas mujeres con frigidez secundaria no responden en lo sexual en situaciones específicas, pero en otras sí lo hacen. Hay casos reportados de frigidez sexual secundaria, donde una mujer es frígida con su esposo, con quien ha desarrollado una relación matrimonial conflictiva y anormal, pero sí puede excitarse sexualmente y hasta lubricar por la simple atracción física momentánea de un hombre, sobretodo, si ella está consciente de que le está sucediendo un simple deseo inalcanzable.

Estas son situaciones altamente peligrosas para mantener matrimonios estables, saludables, exitosos y felices. Lo recomendable es resolver el problema sexual de la esposa, para que pueda disfrutar a plenitud de su vida sexual con el esposo que Dios le dio.

Las mujeres frígidas tienen diversas reacciones

Algunas mujeres frígidas se sienten incómodas, desdichadas y aburridas. Los esposos que conviven con esposas sexualmente frígidas están constantemente "pasando el Niágara en bicicleta", es decir, que llevan una situación difícil en su matrimonio. Si la esposa frígida posee una personalidad fuerte y dominante, es capaz hasta de abusar de su esposo debido a la desdicha sexual que la aqueja.

Otras mujeres frígidas *reprimen sus motivos e impulsos sexuales,* no dejando que se expresen libremente durante los actos sexuales con sus esposos. Estas esposas simplemente "complacen sexualmente a sus esposos, para mantener su matrimonio y su familia". Por lo general, son esposas apagadas, frías, infelices y carentes de satisfacciones personales.

Una gran cantidad de mujeres frígidas *subliman sus motivos e impulsos sexuales,* dedicándose a trabajos que les tomen mucho tiempo y energía, y por los cuales reciben algún tipo de aprobación social.

Un hecho básico de todas las mujeres que sufren de frigidez es el siguiente: *soportan las relaciones sexuales con sus esposos como un castigo. Sostienen las relaciones sexuales con sus esposos para complacerlos, ya que obtienen ningún o muy poco placer.* Generalmente, las mujeres frígidas suelen ser inorgásmicas, no experimentan el orgasmo, pero otras pueden lograr sus orgasmos, sobre todo, por la estimulación de su clítoris.

¿Quién es una mujer frígida?

Una mujer frígida es aquella que tiene dificultad con sus sentimientos y sensaciones eróticos; no logra excitarse sexualmente; percibe sus sentimientos sexuales, sus motivos e impulsos sexuales naturales y normales, como cosas repulsivas o poco deseables. Las esposas que sufren de frigidez, psicoemocional no sienten o experimentan la necesidad de tener relaciones sexuales con sus esposos y las evitan siempre que puedan.

Una mujer frígida es aquella que en lo fisiológico tiene dificultad para dar las respuestas sexuales, específicamente, en las zonas sexuales o erógenas de su cuerpo. Tiene problemas con su lubricación vaginal, un hecho básico que es parte de la respuesta sexual femenina; los labios vaginales no se coloran e hinchan; el clítoris tiene dificultad en ponerse rígido y llenarse de sangre; el cuerpo no se enrojece y tampoco sus pezones se ponen rígidos durante el acto sexual con su esposo. En síntesis: una mujer con problemas de frigidez tiene serias dificultades para producir todas o algunas de las respuestas fisiológicas que deben ocurrir en su cuerpo durante los actos sexuales con su esposo.

La mujer frígida se encuentra en el nivel más bajo de la actividad sexual. ¿Por qué? porque esta mujer está teniendo dificultades en los dos niveles de la respuesta sexual: en el nivel psicológico y en el nivel fisiológico. La frigidez, como una *incapacidad para funcionar sexualmente, ocasiona trastornos emocionales. La misma situación le sucede al hombre con una situación de disfunción eréctil. Su incapacidad para funcionar sexualmente le crea trastornos emocionales.*

La doctora Helen S. Kaplan habla de varios factores que influyen en las disfunciones sexuales femeninas; algunos de ellos son: (1) conflictos inconscientes que tienen hacia su sexualidad; (2) temor al acto sexual; (3) vergüenza y sentimiento de culpabilidad que se desarrollaron en ella debido a una educación sexual inadecuada y cargada de mitos y tabúes;

(4) conflictos relativos al papel femenino en el acto sexual, sobre todo si a ella se le enseña que debe ser pasiva y nunca activa, sólo debe recibir de su esposo, pero no dar; (5) temor a los hombres; (6) temor a perder el control durante el acto sexual, pues a muchas mujeres se les enseña que su experiencia de orgasmo debe ser en silencio e inhibida, sin expresar todo lo que siente; (7) temor al rechazo y al abandono por parte del esposo; (8) relaciones maritales hostiles y conflictivas, puesto que para la esposa cuenta mucho cómo están sus relaciones conyugales con su esposo a la hora del acto sexual; y, (9) problemas psicopatológicos graves que pueda tener la mujer en su personalidad.

Todos estos factores presentados por la doctora Kaplan hacen *que las mujeres levanten muchas defensas psicológicas, las cuales funcionan como barreras en el acto sexual con su esposo, y que la pueden convertir en sexualmente frígida.* La terapia sexual que se implementa frente a una disfunción sexual general o frigidez tiene como objetivo básico destruir estas barreras psicológicas, que impiden que la mujer disfrute plenamente de su sexualidad. La terapia sexual procura hacer que la mujer sea efectiva y adecuada en la vida sexual con su esposo, y que aprenda a disfrutar del placer de su sexualidad. Dios le ha brindado el regalo del sexo y de la sexualidad a los esposos para que ambos lo disfruten. Un regalo tan bello disfrutado solamente por uno de los dos, está incompleto.

Los esposos son instrumentos fundamentales para la solución de los problemas sexuales femeninos, incluyendo la frigidez. Todas las técnicas que el terapeuta sexual utiliza para las soluciones de las dificultades sexuales de la mujer, necesitan al esposo para su propia y efectiva implementación. Y como Dios desea que los esposos vivan una vida sexual saludable, ha provisto todas las herramientas para corregir cualquier disfunción sexual que impida ese objetivo.

El orgasmo femenino

La pregunta que con más frecuencia nos hacen las mujeres sobre su sexualidad es la siguiente: *¿En qué consiste el orgasmo femenino?,* y comprendemos esta inquietud tanto de las mujeres como de parte de los hombres. El orgasmo femenino es uno de los fenómenos menos comprendidos, especialmente por los hombres, y sobre el cual se han desarrollado muchos mitos a través de toda la historia humana. La sexualidad de la mujer sigue siendo un misterio oculto en pleno siglo XXI.

Fue un hombre, S. Freud, fundador del psicoanálisis, quien primero elaboró una teoría del desarrollo psicosexual de la mujer. Es a Freud a quien le debemos la postulación de dos tipos de orgasmo femenino: (1) el *orgasmo clitorideo,* que se da en el clítoris, *y, (2) el orgasmo vaginal,* que se origina en la vagina. Los estudios de la sexualidad de la mujer no parecen comprobar esa teoría del doctor Freud.

De acuerdo a la teoría de Freud sobre el orgasmo femenino, en los primeros años de su desarrollo, la etapa infantil, el clítoris es la zona más erótica de la mujer. Según Freud, cuando la mujer alcanza la pubertad o madurez sexual, debe darse una transición hacia el erotismo vaginal. Para Freud y sus seguidores, las mujeres que siguen teniendo sensaciones eróticas sólo a través de su clítoris y no tienen orgasmos por medio del coito, la penetración del pene, son mujeres neuróticas y anormales. Todavía hoy día hay muchos terapeutas sexuales, especialmente en el área de la psiquiatría, que tienen esos criterios del orgasmo femenino. *Para estos terapeutas freudianos, existen dos tipos distintos de orgasmo femenino: el clitorideo y el vaginal.*

Los investigadores Masters y Johnson, clásicos maestros de la terapia sexual, *demostraron que la dicotomía entre orgasmo clitorideo y vaginal es un mito.* Ellos observaron en su laboratorio a cientos de mujeres teniendo sus orgasmos, tanto durante el coito, como bajo estimulación clitoridea, y registraron todas las respuestas orgásmicas de estas mujeres en el aspecto fisiológico. Estos estudios *concluyeron que existe sólo un tipo de orgasmo femenino. Este orgasmo femenino único se desencadena por alguna estimulación del clítoris de la mujer.* La estimulación al clítoris de la mujer puede ser directa con la mano o la boca, o indirecta a través del capuchón clitorideo por la presión del pene dentro de la vagina, y la tensión que esa presión produce en los labios menores de la vulva.

La mujer, a diferencia de hombre, originalmente *localiza y experimenta su orgasmo alrededor de la vagina, luego en todo su cuerpo, y finalmente de nuevo en su vagina. Es por eso que mientras el orgasmo del hombre, localizado exclusivamente en su área genital, dura entre 3 y 10 segundos máximos, un orgasmo pleno de una mujer puede durar entre 8 y 60 segundos. Los orgasmos femeninos son más largos que los orgasmos masculinos.*

La doctora Helen S. Kaplan, otra terapeuta sexual clásica, señala tres factores que son importantes con relación al orgasmo femenino.

(1) Que los datos actuales sugieren que la estimulación del clítoris es importante y probablemente crucial en la producción del orgasmo femenino. Esto significa que difícilmente una mujer experimente su orgasmo, si su *clítoris no es estimulado de la manera y con la intensidad adecuada.* Esta parece ser una condición indispensable para que la mujer logre su orgasmo con o sin penetración.

(2) La intensidad de la estimulación del clítoris varía según la forma concreta de la actividad sexual. La estimulación más intensa es cuando se hace directamente con la mano o la boca, mientras que en el coito la presión que se ejerce sobre él es suave, a través de los labios vaginales. Durante el coito, el clítoris recibe una mayor presión si la mujer está encima. De hecho, muchas mujeres no alcanzan el orgasmo por penetración, si no están en la posición superior o encima del hombre. Además, los movimientos del pene o falo dentro de

la vagina, ejercen una presión sobre el capuchón del clítoris a través de los labios menores de la vagina, que por lo general son suficientes para desencadenar el orgasmo en la mujer, sobre todo si ésta se encuentra bastante excitada. De todas maneras, la *intensidad de la estimulación del clítoris, es un elemento importante para la producción del orgasmo femenino.* Cada matrimonio debe descubrir lo mínimo y lo máximo de esa intensidad en la estimulación del clítoris.

(3) La cantidad de estimulación necesaria para provocar el orgasmo femenino varía, no sólo de una mujer a otra, sino también según las circunstancias. Cuando una mujer está completamente excitada y tiene relaciones sexuales con el esposo que le atrae y que realmente se lo "sabe hacer", necesitará una cantidad mínima de estimulación del clítoris, sea directa o indirectamente.

El umbral orgásmico femenino

Las mujeres responden con marcadas diferencias en sus orgasmos. Un umbral orgásmico alto significa que la mujer necesita de mucha estimulación para que sus orgasmos se desencadenen. Una mujer con un umbral orgásmico bajo es lo contrario: necesita poca estimulación para llegar al clímax sexual. Hay algunas mujeres bienaventuradas y doblemente bendecidas, que tienen sus orgasmos con sólo mirar a sus esposos que les atraen grandemente. Otras tienen sus orgasmos con sólo ser tocadas por sus esposos en una o varias de sus zonas erógenas, nalgas, espaldas, cuello, pies, dedos, pezones, etc. ¡Hay mujeres que logran sus orgasmos imaginando fantasías sexuales con sus esposos! Las mujeres en esta categoría son una minoría.

La mayoría de mujeres se mueven en un umbral orgásmico que va, desde las que necesitan poca estimulación, hasta las que necesitan de mucha estimulación para lograr sus orgasmos. En la cultura sexual de la mayoría de los países, el umbral orgásmico de las mujeres es generalmente alto. Es decir, que necesitan de mucha estimulación sexual de sus esposos para lograr orgasmos plenos. El disfrute del orgasmo pleno es parte de la bendición de la sexualidad dada por Dios a las mujeres.

¿Existen diferencias entre el orgasmo femenino y el masculino? En cuanto a la experiencia espiritual, psicológica, emocional y fisiológica que se tiene en el orgasmo, no hay diferencias. Las vivencias orgásmicas que experimenta la mujer, es lo mismo que experimenta el hombre al tener los suyos, salvo que en el orgasmo masculino se da la eyaculación o la expulsión del semen. La mujer no eyacula a la manera del hombre, pero su orgasmo lo experimenta y vive con las mismas sensaciones que su esposo. Los dos tienen durante el orgasmo los mismos movimientos clónicos y las descargas espasmódicas de las áreas genitales.

Conversatorio Capítulo 11

Creencias sobre la sexualidad en el matrimonio

(1) Para que la esposa sienta mucho placer durante el coito, el esposo tiene que penetrarla "bien hondo" y tener movimientos "bruscos" y fuertes.

Verdad___   Media verdad___   Falso___   Medio falso___

(2) Las mujeres son "multiorgásmicas", es decir, pueden tener otros orgasmos después del primero si sus esposos las estimulan adecuadamente.

Verdad___   Media verdad___   Falso___   Medio falso___

(3) Todo hombre pierde su erección después de tener su primera eyaculación (necesita de un periodo "refractario" para recuperarse).

Verdad___   Media verdad___   Falso___   Medio falso___

(4) En términos generales, los esposos piensan más en el sexo físico que las esposas.

Verdad___   Media verdad___   Falso___   Medio falso___

(5) Sexualmente, los hombres son más visuales que las mujeres (se excitan sexualmente al "ver" varias partes de los cuerpos femeninos: nalgas, muslos, piernas...).
Verdad___   Media verdad___   Falso___   Medio falso___

Lectura sabrosa

Lectura sabrosa # 11: **Las esposas sabias y devotas se permiten crecer en su vida sensual. Ellas saben que no hay diferencias entre ser cristianas espirituales y devotas, y ser esposas sexualmente satisfechas.**

Estas esposas imitan a la Sulamita que le decía a su esposo constantemente: "Ven, amado mío, a tu jardín, y come de sus frutos exquisitos" (Cantar de los Cantares 4:16). El Cantar de los Cantares enseña claramente que la Sulamita se permitía disfrutar de la sexualidad con su esposo. Ella percibía el placer erótico con su esposo de manera natural. Se relajaba y entregaba al placer sexual con su esposo. Por lo tanto, la Sulamita disfrutaba a plenitud la capacidad orgásmica que Dios le había dado. Y compartía este regalo preciado de su disfrute sexual con su esposo. La Sulamita no sufría de ninguna disfunción sexual. Ella vivía su sexualidad tal y como Dios se la había dado. Y la disfrutaba con su esposo, con frescura y diversión, con alegría y naturalidad, con fervor y cariño.

Tal y como le sucedía a la Sulamita, las esposas espirituales y piadosas no deben avergonzarse de invitar a sus esposos "a sus jardines, para que coman de sus frutos exquisitos". Y si hay algún problema de disfunción sexual que lo impida, deben conversar las cosas con sus esposos y buscar la ayuda profesional apropiada.

Los esposos espirituales y piadosos deben hacer lo que Salomón hacía con la Sulamita: disfrutar la sexualidad de su esposa: "Tú eres hermosa, amor mío; ¡hermosa de pies a cabeza! ¡En ti no hay defecto alguno!" (Cantar de los Cantares 4:7). Salomón no encontraba "ningún defecto sexual" en la Sulamita. Eso deben hacer todos los esposos con sus esposas. Y tal y como hacía Salomón al decirle a su esposa: "Qué gratas son tus caricias..." (Cantar de los Cantares 4:10), los esposos espirituales y piadosos deben considerar las caricias sexuales de sus esposas gratas, dulces y placenteras. Además, deben disfrutar los besos de sus esposas de la misma manera que Salomón disfrutaba los besos de la Sulamita: "...De tus labios brota miel" (Cantar de los Cantares 4:11). Los esposos que disfrutan sexualmente a sus esposas de esta manera, escucharán de sus labios decirle lo que la Sulamita le decía a Salomón: "Entonces me levanté para abrirle (el jardín) a mi amado" (Cantar de los Cantares 5:5).

Si el esposo sufre de alguna disfunción sexual, debe dialogar con su esposa y juntos buscar la ayuda adecuada.

Preguntas curiosas

Preguntas curiosas:

Para la esposa: Tu esposo no es tan fuerte emocionalmente como aparenta. Él necesita que tú lo alabes, le digas cosas bonitas, encantadoras, halagadoras, especialmente con respecto a su función sexual. La próxima vez que tengan buen sexo, y que él realmente dedique tiempo para complacerte sexualmente, y hacerte tener y disfrutar orgasmos plenos, tómate algunos minutos para decírselo. Dile: "Amor, cariño, hoy lo hiciste excelentemente bien. Hoy me llevaste al tercer paraíso sexual. Gracias". Esta es una de las soluciones más efectivas contra las disfunciones sexuales masculinas.

Para el esposo: Tu esposa por lo general es encantadora, espléndida y muy generosa sexualmente contigo. A ella le gusta complacerte, dedicarte tiempo, saber que tú estás bien satisfecho sexualmente. Para ella es una prioridad que tú disfrutes tu sexualidad con ella. Y ella hace todo lo que está a su alcance para lograrlo. La próxima vez que tu esposa te haga sentir sexualmente extraordinario, dedica algunos minutos para decírselo. Dile: "Cariño, hoy lo has hecho de una manera especial. Tu jardín ha sido y ha estado más placentero que nunca. Gracias". Esta es una de las soluciones más poderosas contra las disfunciones sexuales femeninas.

Capítulo 12

Disfrutando plenamente la sexualidad

"Anda, amado mío, ¡vayamos al campo!
Pasaremos la noche entre las flores...
¡Allí te daré mi amor!"
(Cantar de los Cantares 7:11, 12)

Nos han inculcado a lo largo de toda la historia humana, que la sexualidad es algo privado, en el sentido de que debe estar cargada de tabúes, mitos, miedos, vergüenzas y culpas. El aprendizaje de los contenidos de estas ideas acerca de nuestra vida sexual es uno de los grandes impedimentos para el pleno disfrute de la sexualidad en el matrimonio. Antes de que el pecado entrara en la raza humana, "Adán y su mujer andaban desnudos y no se avergonzaban" (Génesis 2:25).

Así desnudos, conversaban y dialogaban diariamente con Dios de manera natural. La sexualidad cuando Dios los creó era natural. La sexualidad humana, no la sexualidad de los animales, llegó a ser "sucia, punitiva, lasciva, perversa y morbosa", después que el mal se adueñó de los humanos, no antes. En pleno siglo XXI, los matrimonios siguen teniendo grandes impedimentos para disfrutar a plenitud su sexualidad tal y como Dios desea que lo hagan.

Dios desea que la sexualidad de la pareja matrimonial sea individual, personal, en privado. Pero eso no significa que los matrimonios deben vivir su sexualidad en silencio, nunca hablar de ella, y asumir y dar todo lo que sucede en su vida sexual por sentado, como un hecho. Todos nosotros aprendemos de manera pública a ser seres sexuados. Dios nos hizo a todos seres sexuados. Y todos aprendemos y vivimos la sexualidad constantemente: en cada acto humano, en cada interacción entre sexos diferentes.

Trabajando con matrimonios con dificultades sexuales en terapia sexual, el primer escollo que las parejas deben trabajar es su *actitud hacia su propia sexualidad.* Los terapeutas sexuales le pedimos a las parejas que relaten sus historias sexuales, sus creencias sexuales, de quién y dónde las aprendieron. Por lo general, las parejas empiezan a contar sus historias con rodeos, con miradas esquivas, con una comunicación defensiva. El esposo, aunque se encuentre en la oficina por una disfunción sexual, intenta minimizar el hecho, y aún en la oficina, prefiere que su esposa no se dé cuenta de la situación sabida ya por todos los que están allí en ese momento. Los hombres particularmente prefieren ocultar su virilidad y consideran como un estigma, como una herida, la realidad de una dificultad sexual. La mayoría de los hombres con disfunciones sexuales solamente vienen a buscar ayuda "obligados" por sus esposas. La esposa, después de muchos años padeciendo la situación, le da un ultimátum: "O le buscamos ayuda a tu problema o se acaba este matrimonio". Aún en ese momento, muchos siguen poniendo una cantidad grande de excusas, incluidas, entre ellas, la de "es la esposa la que tiene el problema, no él". Hay que decir que muchas esposas con dificultades sexuales tienen la misma actitud que sus esposos, y prefieren ocultar y silenciar la situación hasta el final. *Las actitudes sexuales de miedo, vergüenza y culpa de las parejas, son los grandes y primeros escollos que tienen los matrimonios para disfrutar a plenitud de su vida sexual.*

Los matrimonios deben perder los temores a tratar el tema sexual

Si los matrimonios que sufren de alguna disfunción sexual van a ser libres de los escollos y las barreras que les impiden disfrutar de su vida sexual, tienen que perder el miedo a tratar los temas de su sexualidad. Los matrimonios deben poco a poco perder sus miedos, vergüenzas y culpas sexuales, las cuales son componentes importantes de las dificultades sexuales que los aquejan. Dios desea que los matrimonios vivan una sexualidad integradora, sana, como elemento esencial de su personalidad. Pero los temores a tratar los temas sexuales, aún en medio de dificultades sexuales claras, impiden que este objetivo divino se cumpla.

La terapia sexual se enfoca no solamente en tratar la disfunción sexual específica, que en el esposo puede ser desde una disfunción eréctil o impotencia, hasta una eyaculación precoz o retardada, y en la mujer una frigidez, inorgasmia o vaginismo, sino también, a enseñar a la pareja a manejar su sexualidad adecuada y efectivamente. Durante el proceso de la terapia, los esposos van cambiando sus actitudes sexuales negativas. Aprenden que sus deseos sexuales son positivos, porque ellos son un regalo de Dios para su matrimonio. Los matrimonios también aumentan y actualizan sus conocimientos sexuales. Cambiando sus actitudes sexuales, y aumentando sus conocimientos sobre la sexualidad, los matrimonios están capacitados y equipados para enfrentarse con éxito a sus miedos, vergüenzas y culpas sexuales. Por lo general, estos dos enfoques, junto a la aplicación de algunas técnicas sencillas, son suficientes para corregir los problemas sexuales de los matrimonios que buscan ayuda profesional.

La psicología tiene algunas respuestas para las disfunciones sexuales

La terapia sexual es un área compleja de la psicología clínica, pero ya existen algunas respuestas para los problemas sexuales. Hay técnicas que han probado ser útiles y efectivas en el tratamiento de las disfunciones sexuales. Algunos resultados son halagadores, si se tiene la colaboración de la pareja matrimonial. No hay razones para sufrir una disfunción sexual en silencio. Un matrimonio en el que exista una disfunción sexual no tratada, es una relación matrimonial enferma, anormal, y que va camino a su destrucción. *Las actividades sexuales sanas son vitales en la vida de pareja matrimonial. Y Dios desea ardientemente que los matrimonios vivan una vida sexual saludable.*

La vida sexual no es el punto básico y esencial de un matrimonio, pero sí es un punto básico y esencial para que éste funcione adecuadamente.

Además, la sexualidad y su comunicación en pareja, *son vitales para los seres humanos, como individuos y como seres sociales. Los matrimonios están llamados y tienen la responsabilidad de* darle sana expresión a sus motivaciones y energías sexuales. El doctor Freud probablemente exageró al elaborar toda su teoría psicoanalítica alrededor de la sexualidad humana, pero no estaba tan lejos de la verdad al expresar que la sexualidad es un componente vital de la personalidad, y como tal, los matrimonios deben vivirla ajustada y armónica.

Dios ha creado la sexualidad con las siguientes dimensiones y otras más:

"La sexualidad es una dimensión fundamental del ser humano, influyendo decididamente en su formación y desarrollo, ya que participa de manera determinante en la estructuración de la personalidad y en las diversas relaciones que se establecen entre los individuos... La sexualidad es una expresión bio psicosocial de los individuos como seres sexuales en una cultura y sociedad determinada".

Dios ha creado la sexualidad humana no solamente con tres dimensiones, sino con cuatro dimensiones: lo biológico, lo psicológico, lo social y **lo espiritual**. La Biblia enseña estas dimensiones de la sexualidad humana.

Primero, la sexualidad humana es biológica, porque tiene su fundamento en el sexo: "Hombre y mujer los creó" (Génesis 1:27). Dios nos ha dado la gran bendición de propagar y de proseguir la vida por medio de la sexualidad. El sexo, el ser varón o mujer, queda determinado en los cromosomas sexuales X o Y, que los padres aportan durante la fecundación. El cromosoma sexual X de la mujer, el único que ella posee, unido a uno de los cromosomas del hombre (él tiene cromosomas sexuales X y cromosomas sexuales Y), decidirá el sexo biológico del individuo. El X del hombre unido al X de la mujer dará una niña; el Y del hombre unido al X de la mujer producirá un niño. Dios ha determinado que la sexualidad esté biológicamente definida de esta manera. Y los esposos tienen esa gran bendición y privilegio.

Segundo, la sexualidad es psicológica, porque es el proceso de socialización el que estructura la identidad sexual de la persona. Dios le ha dado la responsabilidad a los padres, de guiar la identidad sexual de sus hijos. Esta identidad es la que permite que el individuo funcione en la sociedad como varón o mujer. Los padres sirven de modelos a sus hijos, para que ellos emulen a sus padres biológicos que los trajeron al mundo en la identidad sexual que agrada a Dios: el hombre es un varón y la mujer es una hembra.

Una identidad sexual saludable tiene tres (3) aspectos: *la identidad de género*, la conciencia que tiene el individuo de pensar como varón o como mujer; *el rol de género, que* son los comportamientos que manifiesta el individuo para revelar a sí mismo y a la sociedad el sexo al que pertenece; y, *la orientación sexual, que* son los gustos o preferencias del individuo para escoger compañeros sexuales, tanto en las relaciones coitales, como en lo afectivo y en sus fantasías sexuales o eróticas. Dios les ha entregado un gran poder a los padres de influir en la formación y desarrollo de la sexualidad psicológica de sus hijos.

Tercero, la sexualidad es social, porque la conducta sexual se aprende en el contexto social en el que el individuo se desarrolla. Estamos llamados a influir en la cultura, para que las conductas sexuales de sus pobladores se amolden a los principios de Dios, su creador. Los matrimonios espirituales y piadosos no podemos ser apáticos e indiferentes frente a este hecho. Cada matrimonio debe dejar el legado de una cultura sexual que sea agradable a Dios. Lot y su esposa tuvieron dificultad en lograr esa realidad en Sodoma y Gomorra. La conducta sexual se aprende en el medio social. Los matrimonios tienen que proveer un medio social propicio para que sus hijos practiquen conductas sexuales que agraden a Dios.

Cuarto, la sexualidad es espiritual, porque sus valores intrínsecos están fundamentados en los valores del creador original de la sexualidad, Dios. "Dios es espíritu". (San Juan 4:24). "Dios es amor" (1 de Juan 4:8). La sexualidad humana no es meramente física y sociológica. La sexualidad humana es esencial e intrínsecamente espiritual. El creador de la sexualidad, Dios, es espíritu. Y los seres humanos son intrínsecamente seres espirituales con formas físicas para comunicarse y actuar en un mundo físico.

Los esposos que disfrutan plenamente de su sexualidad, lo hacen dándole cabida y expresión a su espiritualidad. Estos matrimonios aprenden a disfrutar de una intimidad profunda. Su sexualidad y sus actos sexuales no son meramente ejercicios físicos y mecánicos. Estos matrimonios le impregnan un alto contenido espiritual a sus actos sexuales, incluyendo sus orgasmos. Los orgasmos de estos matrimonios son plenos, totales, completos, íntegros.

Los matrimonios que disfrutan plenamente de su sexualidad no la viven en una "casa de dos pisos", sino en una casa de un solo piso. Dios es parte íntegra de su sexualidad por varias razones lógicas. Ellos creen que Dios es el creador de los seres humanos; el creador del sexo y de la sexualidad; el creador del matrimonio; el creador del placer erótico y sexual. Estos matrimonios no separan su vida espiritual y piadosa de su matrimonio, su sexualidad, el disfrute del placer sexual, sino que viven todas estas experiencias regaladas por Dios con un todo y de manera íntegra. Estas creencias, actitudes y percepciones hacia el matrimonio y la sexualidad, contribuyen para que estos matrimonios venzan el miedo, la vergüenza y la culpa a la hora del acto sexual.

Por lo general, estos son matrimonios felices, estables, exitosos, saludables. Ellos han aprendido un principio espiritual muy útil: a no vivir una doble vida. Estos matrimonios viven la única vida que Dios les ha regalado. Y la viven a plenitud.

Conversatorio Capítulo 12

Creencias sobre la sexualidad en el matrimonio

(1) Es posible para los esposos tener orgasmos simultáneos o al mismo tiempo, si desarrollan y practican una buena intimidad amorosa.

Verdad___   Media verdad___   Falso___   Medio falso___

(2) La respuesta sexual de la esposa es más lenta que la del esposo (el esposo está listo para el orgasmo cuando la esposa está en su proceso de excitación todavía).

Verdad___   Media verdad___   Falso___   Medio falso___

(3) Las disfunciones sexuales tanto masculinas como femeninas se pueden corregir o curar

Verdad___   Media verdad___   Falso___   Medio falso___

(4) La dispareunia o penetración dolorosa puede darse tanto en el esposo como en la esposa.

Verdad___   Media verdad___   Falso___   Medio falso___

(5) La sexualidad humana dentro del matrimonio contiene tanto componentes espirituales como físicos.

Verdad___   Media verdad___   Falso___   Medio falso___

(6) La sexualidad humana dentro del matrimonio es solamente una parte de la vida íntima de los esposos.

Verdad___   Media verdad___   Falso___   Medio falso___

(7) La sexualidad por sí sola, no es base o fundamento que sostiene un matrimonio estable y exitoso.

Verdad___   Media verdad___   Falso___   Medio falso___

(8) Mientras más "largo y voluminoso" es el pene del hombre más los esposos disfrutan de la sexualidad.

Verdad___   Media verdad___   Falso___   Medio falso__

Lectura sabrosa

Lectura sabrosa # 12: Dios tiene el firme deseo y propósito de que tu matrimonio sea un "paraíso terrenal" en términos de la vida sexual en pareja.

Las disfunciones sexuales masculinas y femeninas son maldiciones y deformaciones de la verdadera vida sexual que tiene y quiere para los matrimonios. Todos nacemos sexualmente sanos y saludables. Aunque en las primeras semanas del feto el sexo es indiferenciado, en los primeros meses de embarazo, el niño recibe "un baño de testosterona". Y aunque tanto el varón como la hembra poseen hormonas femeninas y masculinas, estrógenos y testosteronas, las cantidades de estas hormonas marcan una gran diferencia.

Nacemos sexualmente saludables. Y permanecemos sexualmente saludables hasta que llegamos a la adolescencia. Todos los mensajes sexuales que recibimos, oímos, leemos, vemos, tienen un gran impacto, consciente o inconscientemente en nuestra vida sexual adulta en el matrimonio.

Pero Dios desea que rompamos con las maldiciones y deformaciones de las disfunciones sexuales. Y que todos los matrimonios sean libres de estas maldiciones y deformaciones para que puedan vivir a plenitud su vida sexual.

Si ahora, al leer este libro, su vida sexual no está como tiene que estar, hay un propósito especial por el cual este libro cayó en sus manos. "A libertad los ha llamado Dios". Y como dijo Jesús: "Conoceréis la verdad, y la verdad os hará libres" (San Juan 8:32). Este libro le presenta la verdad para vivir una sexualidad plena en su matrimonio. La decisión para tomar los pasos y lograrlo está en usted. Dios ya ha provisto todo para que su matrimonio sea libre de las maldiciones y las deformaciones de las disfunciones sexuales.

Si necesita ayuda profesional, y probablemente la necesita, Dios también ha provisto eso para usted. Dios es el dueño de los conocimientos sobre la sexualidad que Él mismo creó. Y les ha otorgado estos conocimientos a algunas personas. Todo está provisto para que usted sea libre y viva un matrimonio sexualmente saludable, estable, exitoso y feliz, sin las maldiciones y las deformaciones de las disfunciones sexuales. Y cuando usted libera su matrimonio de estas maldiciones, también está liberando a sus hijos y nietos. Usted está rompiendo una cadena de maldición que ya no seguirá en su familia. ¡Qué bueno es Dios con usted, su matrimonio, su vida sexual y su familia!

Preguntas curiosas

Preguntas curiosas:

Para el esposo: Tomen un día especial para ustedes dos solos. Y si es un fin de semana, mucho mejor. Durante este tiempo consagrado, además de tener relaciones sexuales, dediquen tiempo para hablar y dialogar sobre el sexo y la sexualidad. Pero no en términos generales y para todos. Hablen y dialoguen del sexo y la sexualidad de ustedes dos. Esposo, pregúntale a tu esposa sobre su desarrollo sexual. ¿Cuándo o a qué edad descubrió ella que era hembra o mujer? ¿Cómo lo descubrió? ¿Quién le dio sus primeras instrucciones sobre su cuerpo físico? ¿Qué sucedió cuando llegó su menarquia o primera menstruación? ¿Qué hizo? ¿Cómo manejó sus deseos e impulsos sexuales durante la adolescencia? ¿Cómo sucedió su primera experiencia sexual?

El esposo debe prepararse para escuchar las primeras historias sexuales de su esposa. Algunas serán dolorosas, otras serán alegres y gozosas. Algunas provocarán risas, otras lágrimas. Ésta es una buena oportunidad para sanar y enriquecer su vida sexual de manera mutua.

Para la esposa: Durante este mismo tiempo para los dos, la esposa va a escuchar las primeras historias sexuales de su esposo. Esposa, pregúntale a tu esposo sobre su desarrollo sexual. ¿Cuándo descubrió que era varón? ¿Cómo manejaba las erecciones constantes de su pene? ¿Cuándo descubrió que podía eyacular semen? ¿A qué edad? ¿Se masturbaba durante la adolescencia? ¿Tuvo "sueños húmedos nocturnos"? ¿Cómo se sentía con las constantes erecciones durante la adolescencia? La esposa debe prepararse para escuchar las primeras historias sexuales de su esposo. Algunas serán dolorosas, otras serán alegres y gozosas. Algunas provocarán risas, otras lágrimas. Esta es una buena oportunidad para sanar y enriquecer su vida sexual de manera mutua.

Capítulo 13

La intimidad sexual: un dilema para los matrimonios felices

"En mi cama, por las noches,
busqué el amor de mi vida"
(Cantar de los Cantares 3:1)

El cuerpo humano sigue siendo un mito cargado de tabú para muchas parejas matrimoniales, que se niegan a tocarse y a disfrutar el placer que fluye de su piel. Dios es el autor de ese placer, y nos lo regaló a todos nosotros.

Una de las grandes tareas de todos los matrimonios es aprender a vivir cotidianamente el *vínculo del placer o placentero*. El tema de cómo vivir una intimidad sexual y mutuamente satisfactoria dentro del matrimonio sigue siendo un dilema psicosocial para millones de matrimonios. Es un fenómeno interesante. Las parejas románticas o eróticas son atraídas originalmente el uno hacia el otro, debido al vínculo placentero que sienten de manera mutua. Pero una vez en el matrimonio, el mal manejo de este mismo vínculo placentero y erótico, empieza a crear fricciones, separaciones, inconformidad, y millones de matrimonios se quedan al final sin el vínculo placentero que originalmente los unió. Eso es lo que llama un hecho paradójico. La misma fuerza y energía que une a los matrimonios románticos en el principio, se encarga de separarlos cuando las parejas no manejan sus vínculos eróticos y románticos apropiadamente.

La intimidad sexual: un compromiso participativo

La intimidad sexual no es asunto de una de las partes, sino de ambos miembros del matrimonio. Este es un proceso, en el que ambos aportan, y al mismo tiempo reciben y disfrutan.

Las actividades sexuales y el placer que emana de ellas, no es algo que el esposo da a la esposa, sino algo que ambos se dan mutuamente. Dar y recibir placer sexual es un compromiso o responsabilidad mutua de doble vía. El esposo y la esposa dan placer sexual y al mismo tiempo reciben. Esta es la actitud adecuada necesaria para disfrutar la intimidad sexual en el matrimonio. Las enseñanzas bíblicas son claras: los esposos "no pueden negarse (caprichosamente) el uno al otro" el disfrute del placer sexual. La idea en griego de este pasaje de 1 Corintios capítulo 7, es que el pene del esposo le pertenece a su esposa; y la vagina de la esposa le pertenece a su esposo.

La filosofía de que en las actividades sexuales, la esposa era pasiva y el esposo activo, no solamente ha pasado de moda sociológicamente, sino que tampoco es bíblica. Para mantener los vínculos sexuales y placenteros sanos en el matrimonio, la pareja tiene que practicar el principio de la mutualidad y la responsabilidad sexual. Ése es el mensaje principal del Cantar de los Cantares para todos los matrimonios. La Sulamita estaba bien clara en cuanto a que su "jardín" (vagina y vida sexual) le pertenecía a su esposo, Salomón. Ella mantenía su jardín fresco, vivo, apetecible, floreciente. Le ofrecía constantemente su jardín a Salomón como su regalo preciado. Y el esposo, Salomón, hacía lo mismo con su "fruto" (pene, sexualidad). El esposo, Salomón, invitaba constantemente a su esposa a que se "comiera su fruto" y que lo disfrutara a plenitud.

Está la mutualidad y la responsabilidad del sexo y la sexualidad en el matrimonio. El Nuevo Testamento contiene el mismo mensaje para los matrimonios. "El cuerpo (vagina) de la esposa, le pertenece al esposo; el cuerpo del esposo (pene) le pertenece a la esposa" (1 Corintios 7:4-5).

Los esposos con esta actitud sexual aprenden a disfrutar una plena y sana intimidad sexual. Los actos sexuales de estos matrimonios son compromisos participativos de los dos. Los dos se buscan sexualmente de manera natural. Los dos preparan escenarios sexuales especiales.

Si el esposo ocasionalmente desea un "sexo aperitivo o rapidito", la esposa se lo ofrece gustosa. Y lo disfruta ardientemente junto a su esposo. A lo mejor ella no tenga un orgasmo sublime y exuberante con un "sexo aperitivo o rapidito", pero ella disfruta lo que logra junto a su esposo, que le pidió tener un 'sexo aperitivo o rapidito" en ese momento.

Y luego, la esposa prepara "un sexo casero" que requiere de más tiempo. Ella disfruta más esta forma de hacer el sexo con su esposo. Y su esposo, gustosamente, le provee a su esposa su "sexo casero" y lo disfruta también. Este matrimonio está practicando en su vida sexual el principio de mutualidad y responsabilidad claramente establecido por Dios desde el Génesis hasta el Apocalipsis.

La vida sexual del esposo le pertenece a la esposa; la vida sexual de la esposa le pertenece al esposo. Ese es el principio de la mutualidad y la responsabilidad para los matrimonios estables, exitosos y sanos sexualmente. Dios es más sabio que sabio, porque además, la práctica sexual por parte de los esposos de este principio, los cura de la infidelidad sexual. Este principio en el matrimonio es un antídoto contra las infidelidades sexuales.

Los tres elementos que hacen la intimidad sexual plena

Un matrimonio que vive una intimidad sexual plena y edificante para ambos miembros, vive su sexualidad con un compromiso participativo, mutuo, de doble vía. Además, la práctica del principio bíblico de la mutualidad y el compromiso sexual en el matrimonio contiene otros elementos.

El elemento del conocimiento sexual. Los esposos deben conocer sus cuerpos. De sus cuerpos surgen las motivaciones, deseos o impulsos sexuales de manera espontánea y libre. Dios hizo a los seres humanos seres sexuados. Pero la práctica de la sexualidad en el matrimonio requiere que los esposos conozcan sus cuerpos y sus funciones sexuales. Dios desea que los esposos conozcan su sexualidad.

Los matrimonios que viven una intimidad sexual profunda conocen las respuestas sexuales de sus cuerpos. Estos matrimonios conocen el proceso de la respuesta sexual femenina y masculina, los estímulos físicos, psicológicos y espirituales que desencadenan su placer erótico, y las zonas eróticas que Dios puso en los cuerpos para que los esposos las descubran y las usen durante sus actos sexuales.

El elemento de sentirse cómodos o confortables durante la actividad sexual. Los matrimonios que disfrutan su sexualidad se relajan física, mental y espiritualmente durante sus actos sexuales. Los altos niveles de ansiedad y de tensión inhiben y bloquean las respuestas sexuales. Los matrimonios con buena intimidad sexual aprenden a relajarse, y se entregan de manera mutua, a darse y a disfrutar el placer sexual que Dios les ha regalado. Estos esposos aprenden a sentirse cómodos, serenos y tranquilos durante su intimidad sexual.

El elemento de tener libertad para elegir la intimidad sexual con su pareja. Los esposos desean la intimidad sexual de manera libre y sin coerción. En un matrimonio con una sexualidad sana, en ocasiones uno de los dos cede al otro una intimidad sexual que en principio no le apetecía completamente. Y el que cede lo hace como un acto de entrega y generosidad hacia su pareja. Pero esto solamente debe suceder en raras ocasiones dentro de un matrimonio con una sexualidad saludable. Los esposos saludables conservan su libertad para elegir los momentos más apropiados para disfrutar de su intimidad sexual. Sin que ninguno de los dos se sienta obligado y mucho menos amenazado. La intimidad sexual en el matrimonio es un espacio donde la pareja manifiesta la plenitud de su libertad amorosa.

Para la intimidad sexual, la comunicación verbal, emocional y física es básica.

Los matrimonios con una vida sexual saludable no viven su sexualidad en silencio, ni tienen sexo por adivinación. Estos matrimonios aprenden a comunicarse sus mensajes sexuales con claridad. La intimidad sexual profunda y plena en los matrimonios no se logra por indicios, dándose señales sexuales confusas, sino con mensajes y gestos sexuales claros y precisos. Los matrimonios con una vida sexual saludable practican la intimidad sexual con una comunicación verbal, emocional y física efectiva. Los esposos expresan sus gustos y preferencias sexuales durante sus actos eróticos. Esto incluye expresar qué desea de su compañero sexual, cómo lo desea y en qué momento lo desea. Además, comunicarse a través del toque del cuerpo y disfrutar sus expresiones y sensaciones placenteras, comunicándole verbalmente a la pareja cómo se siente, qué está experimentando y cómo está viviendo el acto sexual. Es importante pedirle a la pareja que le haga en su cuerpo lo que desea en ese momento, así como el tipo, y la forma e intensidad de estimulación sexual que desea recibir.

El compromiso emocional y el vínculo físico son también esenciales

Para lograr la intimidad sexual, los esposos tienen que tener un compromiso que no es meramente una función física, mecánica. Los esposos realmente felices y con una vida sexual plena, están ligados por un vínculo espiritual, emocional, psicológico, físico y social. Solamente este tipo de vínculo matrimonial hace que la intimidad sexual de los esposos sea profunda, intensa, y que ambos la vivan con ganas. El vínculo meramente físico en la intimidad sexual aminora, decrece, pero el vínculo espiritual y emocional de los matrimonios sexualmente saludables crece y aumenta con el tiempo. Los matrimonios sexualmente saludables hacen que su relación sexual sea siempre nueva, expectante, llena de fantasías.

¿Tiene usted dificultad para desarrollar una intimidad sexual satisfactoria? ¿No tiene usted una relación emocional y física plena con su pareja? ¿Experimenta usted una sensación de vacío al tener sexo con su pareja? ¿Cuál es el tipo, forma e intensidad de la intimidad sexual que usted mantiene con su pareja matrimonial? ¿No está usted seguro (a) por experiencia de lo que es disfrutar de un orgasmo pleno con su pareja a través del acto sexual coital o por penetración vaginal? ¿Siente que la intimidad sexual con su pareja no tiene sentido emocional para usted?

Muchos esposos que no practican el principio de mutualidad y responsabilidad en la intimidad sexual tienen estos problemas presentados en las preguntas del párrafo anterior. Hay otros impedimentos para lograr la plena intimidad sexual en el matrimonio que vamos a examinar a continuación.

Impedimentos para la intimidad sexual

"Que los esposos exploren sus cuerpos durante sus actos sexuales es algo sano y beneficioso, ya que estos no muerden".

(1) Las fobias o temores al cuerpo.

En el proceso del desarrollo humano, las personas reciben continuamente mensajes negativos y dañinos referentes al cuerpo y a la sexualidad. Los niños y las niñas pueden exhibir y tocarse todas las partes de su cuerpo, excepto las áreas genitales. Estas áreas están prohibidas y vedadas para los niños y las niñas desde una edad muy temprana en el desarrollo humano. Los padres les envían señales contradictorias a las niñas con respecto a las partes sexuales de sus cuerpos. En realidad, podemos hablar de la boca, la lengua, las manos, el corazón, en voz alta y con todos, pero no hacemos lo mismo con los órganos genitales. Si algo le sucede al niño o a la niña en sus partes genitales, debe comunicarlo a sus padres en voz baja y con grandes temores.

Desde muy temprano en la vida recibimos mensajes negativos y dañinos referentes a las partes del cuerpo con implicaciones eróticas. Todos estos mensajes nos crean fobias o temores hacia la sexualidad, algunas de las cuales jamás son superadas, aun después de establecer una vida sexual activa. El poder de estos mensajes se graba en la memoria de nuestros cuerpos. Y cargamos estas memorias para toda la vida. Una parte central de estos mensajes negativos sobre las áreas genitales, está relacionada con las funciones placenteras que Dios puso en el cuerpo. Dios creó el cuerpo para que de manera natural, experimente placer. Y todo el placer que Dios puso en el cuerpo es bueno y saludable. El placer erótico y sexual que Dios puso en el cuerpo para que los esposos casados lo disfruten, es bueno y agradable. Desde muy temprano en la vida tenemos que enseñarles esta verdad a los niños y a las niñas. Para que ellos aprendan a percibir y a experimentar el placer que emana del cuerpo como algo natural. Algo que Dios creó y que es bueno y agradable.

Un mensaje negativo: esas partes, los genitales, no se tocan. Este mensaje va dejando la sensación en las niñas y los niños, de que esas partes del cuerpo humano tienen algo misterioso y oculto. Así es como empieza a crearse el misterio alrededor de la sexualidad. En nuestras mentes, la sexualidad que llevamos adherida a nosotros inseparablemente, se va convirtiendo en un enigma que es necesario resolver. Un misterio lleno de sorpresas enigmáticas. Y desde pequeños nos hacemos mil preguntas acerca de este misterio que llevamos "guardado" en el cuerpo, pero que no logramos entender nunca. Llegamos a ser adultos, pero el misterio se complica aún más. La sexualidad que Dios nos ha dado, no es ni misteriosa ni complicada, sino compleja. Tenemos que descubrir cosas sobre nuestra sexualidad, pero en su momento nos son reveladas naturalmente.

Un mensaje negativo: tocarse los genitales es sucio. Este mensaje dado a los niños y las niñas inocentes, crea un prejuicio, una reacción negativa de aversión hacia la sexualidad y su expresión en las relaciones humanas. Probablemente, en este mensaje comienza el vía crucis de las mujeres inorgásmicas y de los hombres con disfunción eréctil. Este mensaje prohíbe tocar una parte del cuerpo que contiene placer, pero que al mismo tiempo es sucia, perversa, morbosa, y que no merece nuestra confianza de la misma manera que el resto de nuestro cuerpo.

Un mensaje negativo: tocarse los genitales es peligroso, hace daño. Este mensaje va dejando una incógnita en las niñas y los niños, porque nunca se les explican las razones de por qué hace daño. Y además, les deja la sensación de que el área genital es algo especial, sublime, que está por encima de los demás órganos de sus cuerpos. Es como si el área genital no fuera en realidad parte del cuerpo. Pero como sí lo es, tenemos que cuidarnos de esa parte de nosotros, porque es peligrosa y nos puede dañar.

Un mensaje negativo: tocarse es indecente, inmoral. Este es el mensaje que hace que la sexualidad sea un mito cargado de tabúes. Aún en la vida adulta y ya casados, tenemos que practicar la sexualidad en silencio. "Eso se hace, pero no se habla". Y si se habla de la sexualidad, debido a que es "indecente e inmoral", hablamos de ella con un lenguaje sexual vulgar, sucio, perverso cuando somos adultos, o con un lenguaje sexual infantil cuando somos niños.

Todos estos mensajes sobre la sexualidad tienen contenidos contradictorios a los que su creador, Dios, puso en ella al crearla. La sexualidad creada por Dios no es morbosa, sucia, perversa, vulgar, inmoral, indecente. Todo lo que Dios crea, es bueno en gran manera. Nosotros los humanos tenemos dificultades creando cosas buenas, pero Dios no tiene ese problema. Dios solamente crea cosas buenas y muy buenas.

El sexo y la sexualidad es una de las cosas muy buenas que Dios creó en nosotros y para nosotros. Y se las regaló a los matrimonios para que las disfruten sanamente. Dios colocó el sexo y la sexualidad en los cuerpos. Y Dios sabía lo que hacía. Cada miembro del cuerpo humano está en el lugar apropiado y cumple las funciones con el que fue creado por Dios. Las áreas genitales están en el lugar apropiado del cuerpo, y cumplen las funciones con las que Dios las creó.

Para vivir matrimonios con vidas sexuales saludables, tenemos que empezar a borrar muchos de esos mensajes negativos. Porque si no lo hacemos, nos impedirán vivir una intimidad sexual saludable en el matrimonio. Tenemos que empezar a grabar nuevos mensajes más positivos y saludables. Mensajes que nos enseñen a vivir una intimidad sexual sana en el matrimonio. Dios lo desea. Dios ha provisto de todos los recursos para que eso suceda.

(2) La hipocresía sexual

La hipocresía sexual es el segundo gran impedimento para vivir una intimidad sexual saludable en el matrimonio.

Los adultos asumimos nuestra sexualidad con hipocresía, esto es, con falta de autenticidad, de congruencia, de honestidad. Esta hipocresía sexual se la transmitimos a las niñas y a los niños al socializarlos. La hipocresía sexual es dañina para los matrimonios que desean vivir una vida sexual saludable, porque encadena, ata, aprisiona y esclaviza los motivos, deseos o impulsos sexuales de los esposos. Los adultos descubrimos, al madurar sexualmente y casarnos, que la sexualidad es buena, que debe disfrutarse, pero en ocasiones es ya tarde para liberarse de la hipocresía sexual con la que nos educaron cuando éramos niños.

Primera hipocresía sexual: la doble moral. La doble moral es injusta porque es discriminatoria. ¿Qué significa la doble moral? Admitir, crear e implementar reglas, normas, valores diferentes para las mujeres y los hombres respecto a su sexualidad. Dios nos creó "varón y hembra", iguales y diferentes. La doble moral se levanta contra el principio de Dios sobre la sexualidad.

Estos son algunos ejemplos de doble moral sexual que desagradan a Dios: el hombre puede ser activo sexualmente, pero la mujer tiene que ser pasiva; el hombre da en las relaciones sexuales, la mujer recibe; el hombre obtiene placer del acto sexual, la mujer da placer al hombre; el hombre puede experimentar con su sexualidad, la mujer debe guardarla con exclusividad; sexualmente, el hombre no es exclusivo de una mujer, la mujer es exclusiva de un hombre; el hombre es el "dador de la sexualidad", la mujer es la receptora. Los matrimonios sexualmente saludables no practican la doble moral sexual.

Segunda hipocresía sexual: desligar la sexualidad del proceso del desarrollo humano. El proceso del desarrollo humano es integrador y totalizante. El desarrollo del ser humano incluye lo espiritual, biológico, lo psicológico, lo emocional, lo social, lo intelectual. Pero durante este proceso se nos hace creer, consciente o inconscientemente, mediante una educación poco inteligente, que la sexualidad es una identidad aparte del desarrollo. La sexualidad es una parte vital del proceso del desarrollo humano. La sexualidad influye en todas las fases por las que éste pasa. El desarrollo psicosexual de los seres humanos, media, impacta todo su proceso del desarrollo biopsicosocial.

Dios nos crea como seres totales, completos, por lo tanto, los componentes de nuestro desarrollo no pueden separarse en partes irreconciliables. Todo lo que Dios hace "es bueno", es decir, está completo, íntegro, total. Nuestra sexualidad es parte vital de ese proceso integrador, total, completo. No puede ser separada como una entidad amorfa, sin que eso nos deje serias consecuencias espirituales, emocionales y sociales. Los matrimonios que disfrutan de salud sexual, aprenden a vivir su sexualidad sin hipocresía.

(3) El tercer impedimento para vivir una intimidad sexual saludable: el cuerpo y el placer corporal como mitos.

Los matrimonios con una sexualidad NO saludable, hacen del cuerpo y el placer corporal entidades mitológicas. Los mitos no pueden nunca conocerse, porque están por encima de los seres humanos. Para vivir matrimonios con intimidad sexual saludable, los esposos tienen que romper con muchos mitos acerca de sus cuerpos, y el placer natural que Dios puso en ellos.

Primer mito sexual: hacer de la sexualidad un misterio. Los misterios sólo pueden conocerse por revelación de Dios, de otra manera, quedan encubiertos, ocultos. La sexualidad humana no es un misterio. Dios nos la ha revelado plenamente al crearla.

Dios, el creador de la sexualidad, ha hecho que nuestra sexualidad sea una parte esencial de la vida y de nuestra personalidad. Llevamos el sexo y la sexualidad con nosotros constantemente, porque no los podemos separar de la existencia cotidiana. No necesitamos descubrir nuestra sexualidad, porque es un componente esencial de la vida que vivimos cotidianamente. Los matrimonios que viven una sexualidad saludable, descubren cada día mejores formas de disfrutarse mutuamente. Pero ellos no tienen que descubrir su sexualidad, pues ésta es un componente inseparable de ellos y de su vida de matrimonio. Dios les ha revelado y regalado la sexualidad a los matrimonios. La sexualidad no es un misterio para los esposos.

Segundo mito: hacer de la sexualidad un tabú. Los tabúes están cargados de emotividad. La sexualidad como tabú, es generadora de miedos, inhibiciones, bloqueos, aflicción, angustias, ansiedades, disfunciones sexuales, bajo nivel en la tensión sexual, etc. Los matrimonios que viven una vida sexual saludable no hacen un tabú de su vida sexual. Ellos viven su sexualidad tal como Dios se las ha regalado.

¿Cómo se originan estos impedimentos para la intimidad sexual de la pareja? *La respuesta es clara: mediante la educación sexual que recibimos.* Todos somos educados sexualmente, esto es, todos recibimos educación sexual desde el nacimiento y en todo el proceso de desarrollo. Los agentes o instrumentos más directos de la educación sexual son: los padres, los amigos, la escuela, la iglesia, la televisión, los libros y revistas, los grupos de referencia, la comunidad, etc. Todos estos agentes educan nuestra sexualidad y nos inculcan valores sexuales.

Los impedimentos para vivir la intimidad sexual plena en el matrimonio se originan en una educación sexual distorsionada. Una educación sexual que promueve los valores mencionados en los párrafos anteriores. Este libro procura romper con esas maldiciones y deformaciones. Este libro intenta darle a los matrimonios una educación sexual que promueva los valores sexuales de Dios, los cuales liberan, sanan y enriquecen. El creador del sexo, la sexualidad y del matrimonio nos ha dejado el manual de sus usos más apropiados y efectivos.

¿Qué pueden hacer los matrimonios para lograr una intimidad sexual plena?

Lo primero: reeducarse sexualmente. Cada matrimonio tiene sus propios valores, normas, criterios morales sexuales. Y además, los esposos aprenden a vivir su sexualidad siguiendo su estilo personal. Cuando el esposo o la esposa no están satisfechos con su intimidad sexual, es tiempo de que el matrimonio reeduque su sexualidad. El matrimonio debe ponerse a tono con sus criterios sexuales, con sus gustos y preferencias sexuales, con los niveles de su tensión sexual. Este libro pretende ser un instrumento de educación sexual para los matrimonios.

Lo *segundo: asumir la sexualidad de manera responsable y de compromiso.* El matrimonio es "un asunto de dos" que requiere de un compromiso de dos. Como hemos dicho anteriormente, los matrimonios con una sexualidad saludable practican el principio de la mutualidad y la responsabilidad en su vida sexual. El esposo cuida de la sexualidad de su esposa, la esposa cuida de la sexualidad de su esposo.

Lo *tercero: percibir, sentir y vivir la sexualidad como una realidad natural, humana y divina.* La sexualidad en el matrimonio no es un aspecto de la vida meramente mecánico. El valor esencial de la sexualidad es su creación divina. Dios creó la sexualidad. Por otro lado, la sexualidad está en el cuerpo humano, la llevamos con nosotros, y en el matrimonio tenemos que vivirla de manera natural. El cuerpo es el instrumento básico de la sexualidad, y los órganos genitales el mecanismo de su expresión. Estos son los mecanismos humanos que Dios creó para la expresión de la sexualidad. ¿Se ha observado usted alguna vez teniendo relaciones sexuales con su pareja? ¿Ha visto la expresión de su rostro, sus gestos faciales, la protuberancia de sus músculos? Los esposos que temen a sus cuerpos y a las reacciones fisiológicas que emanan de él, no pueden disfrutar el acto sexual a plenitud. Los matrimonios que viven una vida sexual plena han aprendido a captar el lenguaje sexual de sus cuerpos.

En ocasiones especiales observarse frente al espejo mientras realizan el acto sexual, es un buen ejercicio para los esposos sexualmente saludables.

Durante el acto sexual, los cuerpos excitados de los esposos envían señales placenteras, que sólo los esposos que las experimentan pueden disfrutar. Los esposos, antes de experimentarlas, tienen que aprender a captarlas. Los esposos sexualmente saludables aprenden a sintonizarse con las señales sexuales de sus cuerpos.

Los cuerpos de los esposos tienen sus propios gestos amorosos

Los esposos con una sexualidad saludable aprenden de los gestos amorosos y sexuales de sus cuerpos. Cada matrimonio desarrolla sus propios gestos amorosos y sexuales.

Los esposos sexualmente saludables aprenden a captar los gestos amorosos y sexuales de sus cuerpos durante sus actos sexuales. Captan sus gestos sexuales mediante el toque de sus cuerpos. **Permiten que sus sentidos sintonicen con su placer sexual. Dios colocó el placer sexual en los cuerpos erotizados de los esposos.** Sus cuerpos erotizados poseen las sensaciones eróticas y placenteras, las cuales los esposos disfrutan por medio del contacto físico, las caricias y el uso de sus sentidos.

Los esposos sexualmente saludables le prestan atención al **sentido de la vista**, especialmente para el esposo, sin descartar a la esposa. El sentido de la vista permite captar las sensaciones placenteras en cada miembro de la pareja. Los esposos con una sexualidad sana, no deben temer observar sus cuerpos desnudos en el acto sexual. Ellos deben darse la oportunidad de tocar sus cuerpos, porque esto aumenta las sensaciones eróticas en cada uno. Esta práctica contribuye además, con la armonía y el ajuste sexual de los esposos.

La práctica de verse en el acto sexual es saludable además, porque ayuda a los esposos a cambiar hábitos y costumbres sexuales. Un ejemplo de esos hábitos sexuales es cuando los esposos se acostumbran a tener sus actos sexuales en penumbras, con las luces apagadas, y nunca hacen el sexo a plena luz.

Los matrimonios sexualmente saludables captan sus gestos amorosos y placenteros durante sus actos sexuales utilizando **los sentidos del tacto y del gusto.** El sentido del tacto, por medio del toque de sus cuerpos, le permite a los esposos despertar sus zonas erógenas. Los esposos con una vida sexual saludable aprenden que sus cuerpos no muerden durante sus relaciones sexuales. Deben tocar sus cuerpos con las manos, la boca y sentir en todo el cuerpo la vibración erótica de su compañero sexual. Perciben el gusto de su sexualidad con sus bocas. Dios hizo los labios de los hombres y las mujeres eróticos y sensuales. Los esposos sanos sexualmente toman ventaja de esto durante sus actos sexuales.

Los matrimonios saludables sexualmente hacen uso **de sus oídos y sus olfatos** durante sus actos sexuales. Los oídos y los olfatos de los esposos perciben el incremento de sus vibraciones eróticas. Los esposos deben dejarse escuchar durante sus actos, ya que no están muertos. Los sonidos placenteros del compañero sexual erotizan a la otra parte de la "media naranja sexual". Exprese a su pareja lo que está ocurriendo mientras realizan el acto sexual.

Los actos sexuales de los esposos son actividades corpóreas y sensuales.

Cuando los esposos se miran, contemplan, se tocan, utilizan sus bocas, rompen el silencio y se dicen lo que están experimentando en los momentos críticos de sus actos sexuales, están permitiendo que sus actos sexuales sean corpóreos y sensuales. El placer sexual está en los cuerpos de los esposos y ellos lo despiertan utilizando sus sentidos.

Los matrimonios sexualmente saludables permiten que sus actos sexuales involucren la totalidad de su ser. Los esposos sexualmente saludables no practican una sexualidad egoísta, sino una sexualidad compartida y participativa.

La sexualidad no es lo fundamental del matrimonio, pero es básica para que éste funcione satisfactoriamente

En una investigación que hicimos para el libro "Psicología *femenina y* masculina *del* matrimonio" había esta pregunta:

"¿Es el sexo importante en la vida de una pareja matrimonial?"

(1) El 100%, es decir la totalidad, de las mujeres casadas y de las divorciadas, respondió que es

"muy importante".

(2) El 89% de las mujeres solteras respondió de la misma manera.

(3) El 91 % de los hombres casados respondió que es "muy importante".

(4) El 100% de los hombres solteros lo hizo en idéntica forma.

Esta investigación hacía otra pregunta:

"¿Puede un matrimonio vivir en armonía y feliz sin actividad sexual?".

(1) El 82% de las mujeres casadas dijo que no.

(2) El 84% de las solteras afirmó lo mismo.

(3) El ciento por ciento de las divorciadas también dijo que no.

(4) El 75% de los hombres casados dijo no.

(5) El 87% de los hombres solteros afirmó lo mismo.

¿Qué indican estas respuestas? Que tanto para las mujeres como para los hombres, sean casados, solteros o divorciados, la sexualidad tiene una dimensión de importancia dentro del matrimonio. Por lo menos, así sienten y perciben los hombres y las mujeres antes de casarse y después que lo hacen. La sexualidad no es lo fundamental del matrimonio, pero es básica para que éste funcione satisfactoriamente. No existe tal cosa como matrimonio saludable y sin vida sexual al mismo tiempo.

Lectura sabrosa

Lectura sabrosa # 13: Qué hacer para que el sexo no sea aburrido para los matrimonios después de tres años de casados

La mayoría de los matrimonios realizan el acto sexual de la misma manera, a la misma hora y en el mismo lugar por varios años. Esta es una de las razones por las que el sexo es tan aburrido y monótono para tantos después del tercer año de matrimonio.

El libro del Cantar de los Cantares es rico en ideas que los matrimonios pueden usar para salir del aburrimiento y la rutina sexual.

Las autoras del libro: "Temas de intimidad: conversaciones de mujer a mujer" plantean varias ideas interesantes sobre este tema.

*Los esposos tienen que ser creativos usando las fragancias. La Sulamita decía que "el nombre de su esposo era como ungüento derramado" (Cantar de los Cantares 1:14). Además decía que "el nardo de su esposo le olía" (Cantar de los Cantares 1:12). Su esposo era como "un ramito de mirra dulce que reposaba sobre su pecho" (Cantar de los Cantares 1:13, 5:5).

*Los esposos pueden ser creativos en el acto sexual usando velas aromáticas, perfumes y colonias, lociones con aromas exquisitos, fragancias frescas, en sus casas, pero particularmente en sus habitaciones matrimoniales.

*Los esposos pueden usar palabras creativas para describirse uno y otro. Pueden usar nombres novedosos para sus órganos sexuales. La vagina de la Sulamita era el "jardín", el pene de Salomón era el "fruto". ¿Se imagina la esposa diciéndole al esposo algo como, "mi amor, la flor se abrirá para ti hoy"?

*Los esposos pueden crear danzas, juegos, citas novedosas. El acto sexual no tiene por qué ser aburrido, a menos que los esposos sean ellos mismos aburridos o carezcan de creatividad. Es positivo para los esposos cambiar de lugar, de hora y de las maneras usuales. No tienen por qué permanecer para siempre en el acto sexual de la misma manera rutinaria y aburrida.

También es muy positivo para los esposos cambiar de posiciones sexuales. No tienen por qué quedarse rutinariamente en la posición misionera para siempre. Un sexo aperitivo o "rapidito" en la noche mientras se bañan juntos revitaliza la pasión. Si están solos, por lo menos por media hora, un "rapidito" en la sala y hasta en la cocina, cambia el ciclo de la rutina sexual del matrimonio. Los esposos creativos pueden practicar el sexo casero y el sexo gourmet en docenas, y hasta cientos de maneras y lugares diferentes. Los matrimonios creativos no estancan su vida sexual. Mantienen una vida sexual sana, activa, novedosa y llena de nuevas expectativas. Los matrimonios que crean y desarrollan una sexualidad saludable no se permiten caer en la rutina y el aburrimiento.

Preguntas curiosas

Preguntas curiosas:

Para la esposa: Escoge una fecha apropiada de acuerdo a tu ciclo hormonal, para preparar un "sexo gourmet" con tu esposo. Elige el día, preferiblemente sábado o el que más se acomode a los dos.

Si el día elegido es el sábado, el lunes asegúrate que tu esposo reciba un mensaje tuyo (texto, e-mail, teléfono, nota), diciéndole que ese sábado le espera un **"tratamiento sexual especial de tu parte"**.

El martes, llámalo a su oficina o trabajo, y asegúrate de hablar con él (no dejes mensaje) y dile en un tono sensual: **"Mi amor (o cualquier otro nombre cariñoso), sólo faltan cinco días para darte algo tan bueno y sabroso, que tú jamás olvidarás"**.

El miércoles, despídelo al trabajo diciéndole al oído: **"Cielito: me muero porque pasen estos cuatro días pronto"**.

El jueves, ponle un corazoncito rojo y perfumado en su cartera o llave del carro, con una nota tuya que diga: **"Fulano (su nombre), en tres días te llevaré al paraíso. Ya estoy que no aguanto más"**. Fírmalo con tu nombre.

El viernes, asegúrate que él lleve al trabajo o adonde vaya un panty o braga tuyo rojo o de su color preferido. El panty debe estar perfumado con el perfume favorito de tu esposo. Llama a tu esposo durante el día y dile: **"Mi amor, mañana es el gran día. Prepárate para lo que te espera. Te amo".**

Ten todo listo y preparado para el sábado o el día escogido. Arregla dónde estarán los niños. Prepara cuatro o cinco horas especiales con tu esposo, los dos solos. Puede ser en tu propia casa, en la casa de un matrimonio amigo (intercambio) o en una cabaña.

Tu vestimenta debe ser provocativa, sensual, sexual. **La primera hora: el aperitivo** con una comida liviana (frutas, hojas, etc.); **requisito**: sólo se tocan los pies.

La segunda hora: la comida normal del día, pero no muy pesada (la comida preferida del esposo); **requisito**: pueden tocarse y besarse las manos.

Las últimas dos horas: música y aromas preferidos por ambos; coqueterías románticas. El final debe estar lleno de espiritualidad, sensualidad, y actividades sexuales llenas de ganas, amor, romance, creatividad y pasión erótica.

Idea general: preparar un sexo gourmet con tu esposo que difícilmente olvide por el resto de su vida.

Para el esposo: La tarea tuya para esa semana es sencillamente disfrutar y devolverle a tu esposa en la medida en que recibes de ella.

Capítulo 14

Matrimonio y sexualidad: la salud sexual en el matrimonio

"Sus mejillas son amplios jardines
de fragantes flores.
Sus labios son rosas
por las que ruedan gotitas de mirra"
(Cantar de los Cantares 5:13)

Hace algún tiempo nos encontrábamos impartiendo un seminario-taller sobre sexualidad a un grupo de profesionales. En el mismo organizamos una dinámica de grupo, que consistía en lo siguiente: dividimos los participantes en grupos pequeños de 3 y 4 personas, cada grupo escribiría en una hoja de papel todos los nombres posibles dados a los órganos sexuales masculinos y femeninos. Un miembro de cada grupo leería la lista a toda la audiencia.

No se imaginan la algarabía que provocó dichas lecturas en voz alta, algunas de las cuales fueron hechas por mujeres participantes. Pero lo que más nos llamó a la atención fue el siguiente hecho: *para ambos órganos sexuales, femenino y masculino, al cotejar los nombres que los grupos encontraron, había más de 30 nombres diferentes para la vagina y más de 30 nombres diferentes para el pene.*

SEXO Y SEXUALIDAD

Necesitamos con urgencia que la educación para la vida familiar incluya la *educación de la sexualidad humana. La educación de la sexualidad humana* debe empezar aclarando *la diferencia entre sexo y sexualidad.*

Sexo no es lo que hacemos, sino lo que somos. El sexo está dado en la dotación genética. El sexo establece la diferencia primaria entre lo femenino y lo masculino, hembra y macho, hombre y mujer. Fuimos creados como seres sexuados. "Varón y hembra los creó" (Génesis 5: 1). El sexo nos distingue como hombres o como mujeres. No podemos reprimir ni inhibir el sexo como tal, porque nos comportamos como seres sexuales en las maneras como sentimos, pensamos y actuamos en toda situación. ¡El sexo es nuestro compañero las veinticuatro horas del día! Y no tenemos formas de deshacernos de él. Dios nos hizo seres sexuados.

En estos tiempos modernos, algunas personas se operan con el objetivo de cambiar sus sexos. Hombres deciden implantarse una "vagina" postiza. Mujeres se adhieren un pene postizo. Estos hombres y mujeres que llegan a estos extremos con las partes físicas de sus sexos, siguen siendo seres sexuados ¡inevitablemente! ¡Los humanos no han inventado formas de deshacerse de la realidad de haber sido creados por Dios como seres sexuados!

La sexualidad, por otro lado, la entendemos *"como una expresión del ser humano total".* La sexualidad está condicionada tanto por factores espirituales, biológicos, intrapsíquicos, como por factores socioculturales. Las formas de expresión de la sexualidad humana varían de acuerdo a las condiciones histórico-sociales. *La estructuración de la sexualidad ocurre a través de toda la vida... La sexualidad es una función socializada en la práctica;* así, pues, los hechos que ocurren en el proceso de socialización tendrán importancia para explicar la manera en que los individuos la expresan. Algunos de estos hechos, tales como: la formación de la autoimagen y de las roles sexuales, la formación de la actitud ante el placer, esenciales en la formación de la personalidad, lo son también en la estructuración de la sexualidad.

La expresión del sexo por medio de la sexualidad es la que crea las mayores dificultades a los seres humanos. Para la vida matrimonial este hecho trae enormes pérdidas de satisfacción y plenitud al matrimonio. *Porque priva a la pareja de disfrutar plenamente de uno de los elementos esenciales de la vida conyugal: su vida sexual. No porque el sexo sea la base del matrimonio, sino porque las prácticas sexuales son consustanciales al matrimonio.* Y, por el contrario, estas dificultades de la sexualidad en la relación matrimonial, les ocasiona a los esposos serias desavenencias, desajustes y desarmonía en su vida marital cotidiana. Ya sabemos que los conflictos sexuales no ocupan el lugar número uno entre los factores que crean conflictos en el matrimonio. Pero sí lo perturban, y generalmente conducen a los esposos a su disolución cuando estos nos son resueltos apropiadamente.

¿Cómo aprendemos a expresar nuestra sexualidad dentro del matrimonio con vergüenza, temor y culpa?

Ya dijimos que estas tres emociones/sentimientos, vergüenza, temor y culpa, no eran parte esencial de la sexualidad dentro del matrimonio en su forma original. Ellas se introdujeron cuando Adán y Eva siguieron su propia voluntad y deseo y ¡rompieron su relación y comunicación con su creador, Dios!

Lo primero es, que a lo largo de nuestra vida, aprendemos a diferenciar en nuestros cuerpos los órganos que representan físicamente la sexualidad: el pene y la vagina. Aprendemos que esos órganos se ocultan, no se tocan, no se nombran o se nombran en voz baja, usando nombres jocosos y ridículos diminutivos que harán menos difícil mencionarlos. Por lo general, adquirimos de nuestros padres o de las personas que ejercieron su influencia en nosotros, las actitudes y juicios de valor que ellas tenían hacia el sexo y la sexualidad. Allí nacen el lenguaje sexual infantil y el lenguaje sexual vulgar. El uso de estos lenguajes sexuales son formas como tratamos de evadir nuestros miedos, vergüenzas y culpas hacia nuestra sexualidad.

Segundo, ya adultos y en capacidad de expresar nuestra sexualidad dentro de una relación matrimonial, sentimos que las expresiones que tienen que ver con nuestros deseos, emociones y fantasías sexuales, nos resultan molestas, nos crean conflictos, miedos, vergüenzas y culpas, y nos inhibimos de expresarnos sexualmente con nuestra pareja... *aprendemos a inhibir y reprimir todo lo que sea calificado como sexual. Los esposos tienen sexo, pero espiritual y emocionalmente se comportan como seres asexuales.*

Cuando somos padres, repetimos con los niños el mismo ciclo, nuestros propios aprendizajes se vuelcan sobre ellos y el resultado es parecido o igual: miedos, vergüenzas, culpas, dudas, incapacidad para gozar plenamente la sexualidad, incapacidad para comunicar lo que sentimos, vergüenza de nuestros deseos y emociones sexuales. Los adultos expresamos nuestra sexualidad con miedo, vergüenza y culpa como resultado de una herencia que recibimos de nuestros padres. Ellos recibieron esta herencia de sus padres, y así la cadena regresa al infinito: ¡todos expresamos nuestra sexualidad de las maneras en que la hemos aprendido! Los adultos seguimos transmitiendo esta herencia sexual de generación a generación, consciente o inconscientemente.

Tercero, nuestra cultura sobrevalora y enfatiza en exceso la expresión de nuestra sexualidad, especialmente, la fase más transitoria y corta, el orgasmo. Este énfasis excesivo atrapa en sus garras a millones de seres humanos. Y millones y millones de seres humanos que entran al matrimonio llenos de ilusiones sexuales, caen en lo que estamos llamando "la desilusión sexual". Dentro del matrimonio muy pronto descubrimos que nuestras esposas y esposos no pueden cumplir y realizar cabalmente las fantasías eróticas con las que llegamos al matrimonio. ¿Cómo se ven afectados negativamente los matrimonios por esta sobrevaloración de la sexualidad?

Los esposos se "desilusionan sexualmente", entre otras razones, porque vienen al matrimonio con la falsa idea y creencia arraigadas de que su sexualidad es un mito, un misterio, que "milagrosamente" la esposa o el esposo le ayudará a descubrir. Las personas adultas en matrimonio, no están conscientes de que su sexualidad es parte esencial de la personalidad de los hombres y las mujeres casadas. Su sexualidad no es una entidad separada de lo que son como personas casadas con otra del sexo opuesto.

¿De dónde viene esa creencia dañina para el matrimonio?

En parte, esa creencia se trae al matrimonio, porque "el niño y la niña aprenden desde pequeños que una parte de sus cuerpos debe ocultarse, no debe tocarse, aprenden a identificar lo 'sexual' con la parte de su cuerpo que es diferente, con lo 'sucio', con 'lo malo'. Ese aprendizaje es común a niños y a niñas, sólo que a las niñas, además, se les enseña una doble moral sexual.

El placer del cuerpo es reprimido desde los primeros días de vida, pues el adulto, con su mentalidad de adulto, no de niño, prohibirá o cuando menos regulará todo gesto, toda conducta, que pueda ser sexualmente placentera y será el adulto quien decida qué es y qué no es 'sexual', y por lo tanto, placentero. *La condena del placer corporal, placer que es sexual*, pues no existe un hombre o una mujer fraccionada en partes sexuales productoras de placer y partes no sexuales, *es la esencia de todas las formas de represión sexual".*

Esta represión de lo sexual perpetúa la sobrevivencia de las tres emociones/sentimientos que dañan la vida sexual dentro del matrimonio: la vergüenza, el miedo y la culpa. La idea y el modelo original de Dios para la sexualidad en el matrimonio no contenían estas emociones dañinas.

Nosotros, seres sexuados de manera inevitable, *"vamos asimilando progresivamente la represión sexual a través de la vida,* de tal manera que llega a formar parte de nuestra estructura psíquica a niveles PRE-conscientes y conscientes. *Estos mecanismos represores tienen graves consecuencias, son fuentes de conflictos para el ser humano, porque le crean contradicciones con su propia naturaleza. Vivimos una sexualidad reprimida y ello influye en las relaciones humanas,* ya que afecta la valoración que hacemos de nosotros mismos y nuestra capacidad de dar y recibir afecto".

Esta educación de la sexualidad humana deformada y contraria a la idea original del creador de la sexualidad, Dios, ha originado seres humanos y culturas enteras morbosos, lascivas, con percepciones sucias, maliciosas, malintencionadas, y hasta torcidas de la sexualidad.

¡Para millones de matrimonios, la expresión de su sexualidad, como parte vital de su vida íntima es generadora de serios conflictos! Y muchos de ellos jamás llegan a superarlos, convirtiéndose estos, en la causa principal de muchas disoluciones matrimoniales. Hay millones de matrimonios no disueltos, pero que debido a sus conflictos sexuales no resueltos apropiadamente, son matrimonios miserables.

Algunos factores que ayudan a disfrutar la vida sexual en el matrimonio

El primer factor consiste en que los esposos *procuren educar su sexualidad.* La mayoría de las parejas van al matrimonio sin tomar algún curso de educación para la vida familiar, que debe incluir los aspectos básicos de la vida sexual de la pareja. Pueden tomar seminarios sobre educación sexual para matrimonios. Además, pueden estudiar buenos libros sobre la sexualidad humana y discutir y analizar su contenido. Los matrimonios que hacen esto se abren al diálogo y la comunicación sobre esta temática embarazosa para muchas personas. Estos esposos descubren juntos cosas que enriquecen su vida sexual y su matrimonio.

El segundo factor se refiere a que *descubran juntos cuáles son los estímulos que despiertan su motivación o deseos sexuales. Dios colocó la libido o energía sexual en los cuerpos.* En ocasiones, hay algunas disfunciones sexuales que la bloquean. Estas disfunciones sexuales también tienen solución.

La sana educación sexual llevará la vida sexual de su matrimonio a otro nivel. Como esposos descubren que pueden disfrutar de su vida sexual plenamente, sin miedos ni angustias. Juntos descubren sus zonas erógenas o eróticas y aprenden a vivir su sexualidad con naturalidad. Los matrimonios que viven una vida sexual saludable, aprenden también a vivir sus matrimonios con propósito, con más sentido, con mayor significado vital para los dos. La vida sexual saludable, basada en una educación sexual efectiva, enriquece, revitaliza y renueva el matrimonio.

El tercer factor ayuda a que por la educación sexual y la vivencia de su sexualidad, los matrimonios aprendan las fases y el proceso de la relación sexual. Los esposos que hacen esto, no solamente enriquecen, sino que también disfrutan más plenamente sus actos sexuales. Estos matrimonios descubren una nueva relación sexual que incluye no meramente el acto coital o de penetración, sino además una mutua entrega espiritual y emocional. Estos matrimonios aprenden a disfrutar lo que Dillow y Pintus llaman **"el orgasmo del alma"**, en su libro "Temas de intimidad: conversaciones de mujer a mujer". Esta forma de orgasmos y vida sexual plena favorece la entrega total mutua. El sexo no es sólo una función física, mecánica, fisiológica de simplemente despertar los placeres sexuales legítimos que Dios ha puesto en nuestros cuerpos para disfrutarlos en el matrimonio. Los esposos que logran los "orgasmos del alma" se relajan, realizan su acto sexual con un mínimo de ansiedad, desbloquean sus miedos, vergüenzas y culpas.

Los orgasmos del alma permiten que la respuesta sexual, que contiene una naturaleza bifásica, esto es, con dos componentes específicos en la mujer y el hombre, se complete a plenitud. ¿Cuáles son estos dos componentes bifásicos de la respuesta sexual humana?

En la esposa, **el primer componente** de su respuesta sexual *es la respuesta vaso congestiva local o lubricación/hinchazón de su vagina.* En este momento de la vida sexual de la mujer, se produce la humedad vaginal y la "plataforma orgásmica". **El segundo componente** de la respuesta sexual femenina es el *orgasmo en sí mismo,* que en la mujer puede ser múltiple y provocado por diferentes tipos de estimulación sexual.

En el esposo, el primer componente de su respuesta sexual es la erección del pene. Y el segundo componente es la eyaculación, compuesta por la emisión seminal y la eyaculación externa en sí misma.

Estas son respuestas sexuales con bases fisiológicas. Dios ha establecido ese orden de la respuesta sexual de los cuerpos físicos. Los matrimonios sabios e inteligentes educan estos componentes físicos de sus respuestas sexuales. Estos matrimonios entienden que estas respuestas fisiológicas las puso su creador, Dios, en sus cuerpos. Y las disfrutan no sólo a nivel físico, sino especialmente a nivel espiritual. Es por eso que estos matrimonios aprenden y pueden lograr no sólo orgasmos con contenidos físicos, sino especialmente *"orgasmos del alma".* Orgasmos donde no solamente están unidos sus cuerpos físicos durante sus actos sexuales, sino que además están unidos sus almas, espíritus, mentes, emociones, y todo su ser.

La armonía sexual y la educación sexual en el matrimonio

La educación sexual en el matrimonio, es parte de la educación para la vida familiar. Todos somos educados sexualmente. Nuestra educación sexual comienza en los primeros contactos e interacciones en el desarrollo humano. Los humanos recibimos educación sexual a través de los diversos agentes que se encargan de socializarnos: la familia, la iglesia, los grupos de referencia, la escuela, pero muy especialmente nuestros padres. Esta educación sexual es asistemática e informal. Por lo general, se nos transmite matizada de actitudes negativas que inhiben la expresión de las motivaciones sexuales y la cargan de tabúes. Cuando esto sucede, y sucede con mucha frecuencia, la sexualidad humana se convierte en algo misterioso y mitológico, de cuya comunicación en el matrimonio se hace difícil derivar satisfacciones mutuas.

Una educación sexual apropiada contribuye a una buena armonía sexual, es decir, de marido y mujer en el matrimonio. Dios favorece una educación sexual integradora e íntegra. Una educación sexual con valores espirituales. Una educación sexual que ayude a los matrimonios, no sólo a procurar y tener orgasmos fisiológicos, 'exprimiendo' sus placeres corporales, sino especialmente **"orgasmos del alma"** basados en las funciones espirituales del sexo y de la sexualidad.

El significado de la sexualidad para la pareja.
La sexualidad y su comunicación en la vida de los esposos tienen trascendencia e importancia fundamentales para la relación armónica en el matrimonio. Los matrimonios que disfrutan de un buen nivel de ajuste sexual, una sexualidad, y una educación sexual balanceada, se reportan más estables, exitosos y felices. Una de las razones para esta felicidad matrimonial, es que la expresión de la sexualidad en el matrimonio tiene elevados niveles de significación personal. Si ambos en el matrimonio se sienten satisfechos sexualmente, esa satisfacción repercute en su satisfacción personal. Una esposa que se siente realizada sexualmente con su esposo, procura que su esposo lo esté también; un esposo que se siente completo sexualmente con su esposa, atenderá a sus necesidades sexuales para que estén plenamente satisfechas.

Un primer beneficio que estos esposos derivan es aprender a percibirse con grados altos de atracción física. Una atracción física positiva mutua contribuye al mantenimiento de la pasión y el romance en el matrimonio. Cuando los esposos empiezan a dudar si siguen siendo físicamente atractivos el uno para el otro, eso afecta la calidad de su vida sexual. Una educación sexual sana le provee el beneficio a los esposos de conservar viva y energética su pasión erótica.

Un segundo beneficio de una educación sexual sana es que enseña a los esposos a expresar su sexualidad manteniendo percepciones amatorias positivas uno hacia el otro. El amor en el matrimonio contiene significados prácticos, y las percepciones amatorias positivas de los esposos les permiten vincularse y comunicarse con actitudes positivas mutuas. Estos esposos mantienen sus grados de amor y sus dinámicas amorosas con una alta calidad. Y esto se transmite en un buen ajuste en su vida sexual que contribuye positivamente a su armonía sexual. Los matrimonios con altos grados de armonía sexual se reportan más estables, exitosos, felices y saludables. La armonía sexual en el matrimonio es el mejor síntoma de haber recibido una buena educación sexual.

¿Qué debe hacer el matrimonio con su sexualidad?

Educarse sexualmente. Si los esposos entraron al matrimonio sin esta educación sexual, deben buscarla y obtenerla después de casados. Los matrimonios que están leyendo este libro se están educando sexualmente.

Las investigaciones y los estudios sobre educación y ajuste sexual en el matrimonio están positivamente correlacionados.

Se ha encontrado que el ajuste sexual está positivamente correlacionado con la educación sexual precisa, bien sincronizada y presentada en forma global y congruente (Malcolm y Thornburg, citado en sexualidad humana, Macary y Macary, 1983).

La ignorancia, y no el conocimiento de los temas sexuales, es la causa del infortunio sexual, según la Organización Mundial de la Salud.

La información sexual temprana adecuada es uno de los componentes del ajuste marital fructífero (Clifford Kirktrick, 1963).

Hay una fuerte correlación entre la educación sexual y los niveles bajos de culpa sexual (Macary, 1976 y Ogren, 1974).

Las personas que han recibido educación sexual, desarrollan defensas más apropiadas y están menos ansiosas, que aquellas que no la tienen. (Wright y Macary, 1969).

Estos mismos autores señalan, que los esposos con conocimientos sexuales están más capacitados para gozar de sus sentimientos sexuales y derivar gozo de muchas formas de actividad sexual, que los que son ignorantes del sexo.

Mientras mayor sea la cantidad de información sexual precisa, menos ansiedad habrá en la respuesta sexual. (Barfield, 1971).

Los investigadores de la sexualidad humana, Masters y Johnson dicen que el desajuste sexual en el matrimonio, cuando es provocado por la ignorancia sexual de los esposos, es evitable mediante la educación sexual.

Ya Dios, el creador de la sexualidad para el matrimonio sabía esto. Por eso nos dio el libro del Cantar de los Cantares. Sulamita y Salomón ya sabían sobre estos factores, que los estudiosos e investigadores de la sexualidad humana hemos "descubierto" ahora. Para vivir una vida sexual armónica y adecuada en el matrimonio, los esposos tienen que educar sanamente su sexualidad.

La salud sexual en el matrimonio

Por lo general, los esposos con dificultades serias en su vida sexual, poseen estos conflictos sexuales no resueltos a dos niveles interrelacionados:

Nivel uno: *la falta de **conocimientos adecuados sobre la respuesta sexual humana.*** El contenido de este libro se dirige a corregir este nivel, exponiendo los conocimientos sexuales de sus lectores.

***Nivel dos:** las actitudes y prejuicios que tienen sobre la sexualidad y el placer corporal.* Este libro claramente plantea que el placer corporal sexual fue colocado por Dios en nuestros cuerpos. Y que Dios le dio este regalo a los matrimonios para que lo disfruten a plenitud.

¿En qué consiste la salud sexual?

La Organización Mundial de la Salud define la salud sexual, como "la integración de todos los aspectos de la sexualidad, somáticos, emocionales, intelectuales y sociales, (nosotros agregamos los espirituales), de manera que ésta enriquezca y facilite el crecimiento de la personalidad, de la comunicación y del amor".

Los matrimonios sexualmente saludables integran a su vida sexual todos los aspectos de su sexualidad. En *lo intelectual,* estos esposos adquieren conocimientos acerca del funcionamiento sexual de sus cuerpos; aprenden cómo se desencadenan las respuestas sexuales en el hombre y la mujer; los estímulos que son necesarios para lograrlo, y los elementos espirituales, biológicos, psicológicos, emocionales y sociológicos de su sexualidad.

En lo emocional y psicológico, estos esposos con vida sexual saludable se deshacen de sus actitudes y prejuicios negativos hacia sus cuerpos, disfrutan del placer corporal y todo lo que sea expresión sexual sana, no inhiben ni reprimen el gozo, el placer, la satisfacción que emanan de sus prácticas sexuales saludables. Se sienten cómodos con su vida sexual, y no tienen razones para rechazarla ni minimizarla. Esta salud sexual en el matrimonio *impide que los esposos sexualmente saludables manifiesten disfunciones sexuales.*

En lo espiritual, los esposos que disfrutan de salud sexual incorporan su espiritualidad a su vida sexual de manera natural. Estos matrimonios no sufren de angustia sexual, porque han aprendido a manejar apropiadamente las emociones del miedo, la vergüenza y la culpa en su vida sexual cotidiana. Dios, el creador de su sexualidad, es parte vital de la vida sexual de estos esposos, que sanos sexualmente, no viven como personas espirituales y piadosas, en una "casa de dos pisos". Estos matrimonios viven su vida sexual con integridad y espiritualidad, y valores espirituales claros y sin ambivalencias.

Algunas preguntas que los esposos pueden hacer para evaluar sus actitudes y prejuicios sexuales:

¿Qué opinan de los órganos sexuales masculinos y femeninos? ¿Cómo los nombran? ¿Cómo se sienten desnudos cuando hacen el sexo? ¿Cómo practican el sexo? ¿Cómo varían los ambientes físicos donde practican el sexo: lo mismo en la cama, que en el piso o en el baño? ¿Pueden practicar el sexo tanto con luces como sin ellas? ¿Quién tiene siempre la posición dominante? ¿Quién inicia la actividad sexual? ¿Cómo se comunican que desean tener sexo? ¿Lo hacen de manera directa y verbal, o es necesario que una y otro lo adivine por indicios? ¿Cómo se sienten frente al olor característico de los órganos genitales de cada uno?

¿Cómo perciben los actos sexuales? ¿Son estos actos sexuales vergonzosos, irritantes, una obligación de la vida matrimonial? ¿Son sus actos sexuales placenteros? ¿Tienen ambos orgasmos durante la mayoría de sus actos sexuales? ¿Logran de vez en cuando tener orgasmos simultáneos? ¿Qué tan activa es la vida sexual en términos de frecuencia? ¿Con qué frecuencia hacen el sexo y si ambos están satisfechos con esa frecuencia? ¿Tienen días especiales para tener sexo, o lo hacen siempre de manera rutinaria? ¿Cuáles son las formas o posiciones preferidas por tu cónyuge? ¿Cuáles son las condiciones que le gusta crear a tu pareja para hacer el sexo? ¿Cómo se sienten al tener o no tener orgasmos durante el acto sexual? ¿Qué tipo de caricias amorosas prefieren?

Las etapas o fases de la respuesta sexual

La respuesta sexual del hombre y de la mujer pasa por unas cuatro etapas. Los esposos que conocen lo que sucede en cada etapa de la respuesta sexual de su pareja, pueden contestar las preguntas anteriores con más propiedad.

La fase excitatoria.

Esta fase es el inicio de las sensaciones eróticas. Se produce la erección en el hombre y la lubricación vaginal en la mujer. Hay una manifestación de tensión sexual y reacción somática generalizada de vaso congestión. Se aceleran los procesos respiratorios, aumenta el ritmo cardíaco y la presión arterial. **En el hombre**, se produce la erección del pene, el escroto se hace más grueso, los testículos se elevan. **En la mujer**, se produce una vasocongestión general de la piel, los pechos comienzan a hincharse, los pezones se ponen rígidos. En los genitales locales femeninos, se produce la lubricación vaginal, que tiene o necesita un período de 10 a 30 segundos; después del inicio de la estimulación sexual, el clítoris, debido a la vaso congestión, se hace eréctil en algunas mujeres, el útero aumenta de tamaño y comienza a subir de su posición pélvica, y la vagina comienza a dilatarse y abombarse para poder alojar el pene.

La etapa de excitación sexual es preparatoria, pero fundamental para que los esposos se provoquen respuestas sexuales plenas. La esposa necesita un poco más de tiempo, para que, en términos fisiológicos, esté completamente preparada para dar respuestas sexuales. Los esposos que desconocen el funcionamiento sexual de sus cuerpos tienen dificultad provocando y disfrutando a plenitud sus respuestas sexuales. ¿Los resultados de este desconocimiento sexual? El matrimonio se siente insatisfecho en la vida sexual, y ésta se puede tornar conflictiva.

La fase de meseta o planicie. Esta fase es un estado de excitación más avanzado que precede al orgasmo. Tanto en el hombre como en la mujer, las respuestas vaso congestivas locales alcanzan sus grados máximos en los órganos sexuales primarios. **En el esposo**, el pene se llena y distiende con sangre y alcanza el límite de su capacidad eréctil, los testículos están llenos de sangre vascular, están un 50% más grandes que en su estado basal, y aparece en el pene un fluido mucoso claro. **En la esposa**, hay un moteado de su piel, hinchazón y coloración de los labios menores de la vagina llamado "piel sexual", su vagina forma una lámina espesa de tejido congestionado o "plataforma orgásmica", que rodea la entrada y la porción más baja de la vagina, El útero alcanza su máxima altura y el clítoris gira 180 grados y se retrae en una posición plena.

La fase de orgasmo. En este momento tanto el esposo como la esposa están fisiológicamente preparados para dar la máxima respuesta sexual: **el orgasmo.** Un matrimonio que alcanza buenos y excelentes orgasmos, es un matrimonio que dedica tiempo, que se entrega mutuamente. Estos esposos usan su imaginación y creatividad. Los matrimonios con mayor éxito sexual aprenden a disfrutar no sólo de orgasmos físicos, sino también de "orgasmos del alma". La etapa del orgasmo es el momento más placentero del acto sexual, pero es además el más corto. Solamente dura de 3 a 10 segundos para el esposo, y de 8 a 60 segundos para la esposa. La educación sexual que hemos recibido hasta ahora nos torna compulsivos y obsesivos por lograr orgasmos durante el acto sexual. Los matrimonios sabios e inteligentes sexualmente vencen estas compulsiones y obsesiones. Estos esposos aprenden a disfrutar de sus actos sexuales en su totalidad, sin poner un énfasis exagerado en sus orgasmos.

Durante el orgasmo del esposo, el semen brota del pene erecto en tres a siete chorros y con intervalos de 0.8 segundos. Los órganos internos masculinos se contraen y la sensación es la "inevitabilidad de la eyaculación". En los hombres se producen contracciones rítmicas de la uretra y los músculos de la base del pene, que es lo que se experimenta como orgasmo propiamente. Después del orgasmo masculino, existe un período refractario a la estimulación sexual, o sea, que el hombre necesita de un tiempo de descanso, para que pueda eyacular de nuevo.

Durante el orgasmo de la esposa, sin importar la forma de estimulación sexual, ella tiene contracciones rítmicas reflejas, a intervalos de 0.8 segundos de los músculos circunvaginales y de los tejidos vaginales dilatados de la "plataforma orgásmica", que se formó en la etapa de meseta. Los estudios parecen indicar que todo orgasmo femenino, debe desencadenarse por algún tipo de estimulación clitoridea.

La esposa no tiene período refractario, o sea, que si no se halla inhibida y su aparato genital está en la etapa de meseta, puede ser estimulada y tener otros orgasmos dependiendo de sus condiciones físicas.

La mujer no eyacula a la manera del hombre, aunque hay algunos teóricos que presentan el fluido de la lubricación vaginal como una forma de eyaculación.

La fase de resolución. Durante esta fase, todos los procesos fisiológicos que desencadenaron las respuestas sexuales femeninas y masculinas, vuelven al estado normal. Las respuestas somáticas generales a la estimulación sexual, decrecen. Hay un estado de pasividad minutos después del orgasmo. Esta es una etapa de relajación y calma para los esposos. Los cuerpos de los esposos se han liberado de su tensión y estrés sexuales.

El poder de la psicología sexual

"La verdadera experiencia del mundo sólo puede tenerse en un abrazo".

J. Gaintenimes.

Los esposos tienen que vivir su sexualidad con amor. La sexualidad vivida sin afecto, sin amor, es una sexualidad vacía, sin sentido profundo, despojada de su principal elemento: *el elemento emocional.* La sexualidad vivida sin amor es mecánica, fría, fisiológica. La verdadera plenitud al vivir la sexualidad, está en vivirla con amor, con afecto.

Cuando los esposos viven su sexualidad ligados afectivamente, esta sexualidad tiene dimensiones placenteras que traspasan los cinco sentidos. *La sexualidad vivida con amor es una sexualidad que va más allá de la piel.* Alguien dijo: "El culto a la piel es idolatría, *el culto al amor es culto a la divinidad".*

*Los esposos tienen que vivir su sexualidad con sus cinco sentidos. L*a sexualidad, para vivirse plenamente, se debe vivir con los cinco sentidos. Los esposos tienen que darle participación a la piel, al cuerpo en su totalidad: sus sensaciones placenteras y sus zonas erógenas. Los esposos deben expandir el cuerpo, relajarlo, permitir que sus emociones se desboquen y fluyan a torrentes, dejar que los sentidos capten y expiren energías sensoriales. Fue allí donde Dios puso la sexualidad para que los esposos la despierten y disfruten durante sus actos sexuales.

Los esposos deben *vivir su sexualidad usando sus oídos.* Las palabras que los esposos se dicen cuando practican el acto sexual son importantes para disfrutar y prolongar el placer sexual. ¿Qué dice usted en los momentos más placenteros del acto sexual? ¿Dónde y cómo experimenta el orgasmo? ¿Qué hace durante el mismo? ¿Suspira hondo, gime, grita, dice palabras, se calla, se reprime? Los esposos sexualmente saludables se dejan escuchar de su compañero cuando están disfrutando sus actos sexuales. Dejarse escuchar aumenta las sensaciones sexuales de los dos.

Los esposos deben vivir su sexualidad con sus olfatos. Los olores sexuales son agradables durante los actos sexuales de los esposos. Los órganos sexuales de los esposos huelen bien. Ellos son en realidad, en los momentos sexuales más excitantes de los esposos, comibles. El olor característico de la vagina, del pene, del semen, es sexualmente excitante. Los esposos pueden captar estos olores sexuales, para así incrementar el placer sexual y hacer de sus actos sexuales algo más placentero. Esto forma parte del *poder de la psicología sexual de los esposos.*

Los esposos deben *vivir su sexualidad con su tacto.* El tacto de los esposos es el verdadero Punto G de la sexualidad. Usando su tacto, los esposos pierden o ganan la batalla del placer sexual que se les ha regalado. El tacto, a través de las caricias, los abrazos, es el canal por donde transitan las sensaciones eróticas y placenteras de la sexualidad. El tacto de los esposos es la vía por medio de la cual circulan las ondas sensoriales placenteras. Mediante el tacto, los esposos captan o pierden el placer sexual que poseen uno para el otro durante sus actos sexuales.

Los esposos deben vivir su sexualidad con el gusto. Si el tacto de los esposos capta el placer sexual, es por medio del gusto, a través del beso, que este placer entra en sus cuerpos. Los labios de los esposos son altamente eróticos. Como dijo Casanova: "¿Qué es el beso? ¿No es tal vez el ardiente deseo de respirar una parte del ser a quien se ama?". Los esposos tienen que darse las caricias más vibrantes de placer mutuo con sus bocas. Los besos apasionados en la boca, en todo el cuerpo, hacen de los actos sexuales de los esposos, experiencias de éxtasis emocional.

Los esposos deben vivir su sexualidad con la vista. Los esposos empiezan a despertar el placer y su excitación sexual con la vista. Las sensaciones eróticas de los esposos inician y se despiertan con las miradas de sus cuerpos desnudos. Los esposos sexualmente saludables observan sus órganos sexuales excitados mientras tienen sexo. Mirar los cuerpos desnudos es excitante para los esposos.

Los esposos deben vivir la sexualidad sin temores, sin miedos. Ellos deben experimentar su sexualidad sin que les provoque temores, miedos. Vivir su sexualidad plenamente es lo más natural, divino y humano que pueden hacer con sus cuerpos, perfectamente diseñados por Dios para acoplarse sexualmente. "Varón y hembra los hizo (Dios" (Génesis). Los esposos tienen que despojarse de las dudas, los prejuicios, y los sentimientos desagradables e inhibidores, como son el miedo y la culpa, para poder vivir una sexualidad saludable.

Las relaciones sexuales en el matrimonio son para disfrutarse.

"La sexualidad no es lo esencial en el matrimonio, pero sí es esencial para una buena vida matrimonial".

Una esposa con diez años de casada nos dijo en consulta que nunca había tenido un orgasmo durante sus relaciones sexuales con su esposo. Durante un seminario sobre la sexualidad en el matrimonio para parejas, una señora de casi setenta anos de edad, nos contó con lágrimas que nunca había experimento un solo orgasmo con su esposo durante los casi 50 años que estuvieron casados: "Mi esposo solamente se subía encima de mí, y hacía lo que tenía que hacer para él. De esa manera procreamos diez hijos".

Tres actitudes negativas hacia la sexualidad

Primera actitud negativa: el miedo al cuerpo, y con ello, el miedo al placer corporal. Se nos enseña a reprimir el placer corporal, y además, se nos enseña que este placer es malo, sucio, indebido, prohibido, morboso. Los matrimonios sexualmente saludables tienen que reeducar sus actitudes sexuales. Estamos planteando en este libro, que el sexo y la sexualidad fueron creados por Dios. Que Dios solamente crea cosas muy buenas, y que por tanto, su creación del sexo y de a la sexualidad es muy buena.

Dios colocó el placer erótico o sexual en los cuerpos de los esposos, y les regaló este placer sexual para que lo disfruten plenamente, sin miedos, vergüenzas ni culpas. Los esposos espirituales y piadosos deben, pueden y tienen que disfrutar su vida sexual a plenitud. No hay contradicción entre vivir una vida espiritual y piadosa, y al mismo tiempo, vivir una vida sexual satisfecha, plena, gozosa, feliz. Los matrimonios cristianos no viven en "una casa de dos pisos", batallando por vivir una vida espiritual y piadosa, pero con una vida sexual miserable. Dios tiene que ser parte integral de la sexualidad de los matrimonios.

Segunda actitud negativa: miedo a los órganos genitales. Los esposos sexualmente saludables aman y aprecian los genitales con los cuales Dios los creó. Estos matrimonios pueden nombrar sus genitales sin usar palabras ridículas. Ellos no tienen que hablar de sus genitales en voz baja, como si estuvieran mencionando algo prohibido, pecaminoso, sucio, indecente y morboso. El pene y los testículos del esposo son órganos de su cuerpo dignos de admiración, aprecio y aceptación. La vagina y el clítoris de la esposa son órganos de su cuerpo merecedores de aprecio, admiración, aceptación.

Tercera actitud negativa: la obsesión masculina y machista por la penetración. Como nos cuentan muchas esposas, la obsesión de sus esposos durante el acto sexual es "subirse encima lo más pronto posible". Una expresión que por cierto indica una actitud poco considerada de las relaciones sexuales con la esposa. Los esposos deben practicar el coito o la penetración vaginal. Estas actividades sexuales de los esposos son buenas y ellos deben disfrutarlas plenamente. Pero el coito o la penetración tienen que ser solamente un componente de las relaciones sexuales de los esposos, y quizás no el más importante. Hay muchas cosas más que los esposos pueden hacer antes de llegar al coito.

Los esposos deben antes encender y motivar su sexualidad, disfrutar del placer de descubrir zonas erógenas, experimentar el toque mutuo, experimentar las sensaciones placenteras que emanan de sus cuerpos erotizados. Ellos deben primero entrar en contacto con las fibras placenteras de sus cuerpos, a través de amarse, darse, entregarse mutuamente. Los actos sexuales son ritos, son procesos donde los esposos tocan las fibras mas íntimas de su ser. Los esposos sabios sexualmente prolongan el placer que fluye de sus actos sexuales, especialmente el placer de sus orgasmos.

Los niveles en la tensión sexual

"Sexo no es lo que hacemos, sino lo que somos: seres sexuados".

Hay diferencia entre: *tensión sexual y umbral orgásmico. El umbral orgásmico femenino y masculino se refiere al intervalo de tiempo que ambos necesitan para tener sus orgasmos.* Generalmente, el esposo necesita de menos estimulación que la esposa para tener sus orgasmos. Esto significa que el esposo tiene un umbral orgásmico más bajo que ella. El orgasmo del esposo se produce más rápido que el de la esposa, y ya sabemos que dura menos tiempo.

La tensión sexual se refiere a la intensidad de las motivaciones, impulsos o deseos sexuales del esposo y de la esposa. La educación sexual que los esposos han recibido influye en los niveles de su tensión sexual.

Las motivaciones sexuales son universales

Las motivaciones, impulsos o deseos sexuales son un hecho o realidad universal. Hay muy pocas especies cuya reproducción no sea por vía sexual. Las motivaciones sexuales tienen un alto contenido hormonal, o sea, que dependen en determinados grados, de la producción de hormonas por algunas glándulas específicas. Estas hormonas se encargan de desencadenar, al estimular los órganos y las áreas genitales, los impulsos sexuales. En algunos animales, esta dependencia de motivaciones sexuales de sus hormonas es absoluta e indispensable para que los mismos puedan entrar en "calor sexual".

En los seres humanos, sin embargo, la dependencia de motivaciones sexuales y sus hormonas es relativa. Las hormonas de la sexualidad ejercen alguna influencia en los impulsos o deseos sexuales femeninos y masculinos, pero la sexualidad humana tiene un contenido cultural. Los seres humanos necesitan de una "cultura sexual" para realizar y disfrutar de su sexualidad. Las motivaciones sexuales femeninas y masculinas están mediadas por la "cultura sexual" de los esposos.

La conducta sexual humana tiene componentes aprendidos

Si una mujer y un hombre maduros sexualmente, o sea, con capacidad fisiológica y psicológica de ejercer su sexualidad, se encuentran de repente sin jamás haber recibido información alguna sobre su sexualidad, lo más lógico es que la descubran a través del contacto físico, dirigido por sus motivaciones sexuales y por el elemento psicológico llamado curiosidad sexual. Las motivaciones sexuales y la curiosidad sexual, llevarán a este hombre y a esta mujer "inocentes sexualmente" a comunicarse su sexualidad. Pero la conducta sexual humana tiene una elevada influencia sociocultural que se aprende mediante la educación sexual recibida.

Los motivos, impulsos o deseos sexuales pueden experimentarse con intensidad. Algunos esposos manifiestan sus deseos sexuales de manera intensa y fuerte, y desean satisfacerlos con alta frecuencia; pero también puede darse lo contrario: algunos esposos manifiestan sus deseos eróticos con una frecuencia pobre y con una intensidad baja. Hay esposos que tienen serias discrepancias o diferencias en sus niveles de tensión sexual. Y por lo general, tienen motivos sexuales más intensos que sus esposas, y esto puede acarrear conflictos con su frecuencia sexual.

Las diferencias de la tensión sexual de los esposos se deben a factores como: *la educación de la sexualidad, la producción hormonal, las diferencias en el sexo, factores personales y ambientales, etc.*

La sexualidad utilizada como 'apaga fuego' y como venganza

Hay muchos matrimonios que usan su sexualidad como "apaga fuego" y como venganza. Esta práctica sexual se reporta negativa para los matrimonios con una sexualidad saludable. *¿Cuándo un matrimonio utiliza su sexualidad como "apaga fuego" y como venganza?*

Un matrimonio usa su sexualidad como "apaga fuego" cuando quiere resolver algunos de sus problemas y sus conflictos maritales de comunicación, de personalidad, de diferencias en los criterios de la vida, etc., mediante la actividad sexual.

Los esposos que se acostumbran a usar su sexualidad de manera reiterativa, constante, después de discusiones acaloradas, pleitos agrios y peleas, desacuerdos airados, explosiones de rabia e indignación por hechos ofensivos, desarrollan un hábito negativo para su vida matrimonial armónica.

¿Por qué el hábito de resolver los problemas, los conflictos maritales más o menos graves con la actividad sexual no es saludable para los matrimonios? Porque el acto sexual libera energías psicofísicas, pero como las motivaciones y las sensaciones sexuales están relacionadas con el placer y las emociones y sentimientos positivos, por lo regular, las emociones y los sentimientos negativos, como la ira, el enojo, el resentimiento, el displacer, etc., no se liberan durante el acto sexual. Por el contrario: estos sentimientos y emociones negativas se quedan acumulados en el organismo, y de ese modo, el acto sexual de los esposos no resulta liberador, expansivo para los dos, sino, creador de sentimientos de culpabilidad. Esta es una de las razones por la que es dañino para los matrimonios el uso reiterado y constante de la sexualidad como "apaga fuego". Es decir, usar la sexualidad como solucionadora de sus desajustes, conflictos, etc., que les crean emociones y sentimientos negativos. Los esposos, después de llegar a acuerdos amigables luego de conflictos graves, deben dedicarse a cultivar la comunicación, el acercamiento emocional, pasar tiempos juntos en juegos que liberan energías físicas, y tener actividad sexual una vez se hayan liberado los sentimientos y emociones negativos producto de los conflictos.

Los esposos utilizan su sexualidad como un acto vengativo, cuando uno de sus miembros castiga al otro negándose por un largo tiempo a tener actividad sexual. Si los esposos usan con frecuencia la sexualidad como "apaga fuego", las esposas lo hacen como acto vengativo. Los esposos que manejan su sexualidad de estas formas, están construyendo su tumba matrimonial. Este es un hábito negativo que deben evitar los matrimonios que practican una sexualidad saludable. Los matrimonios sexualmente sanos tienen sus actos sexuales en los mejores momentos de su relación matrimonial. Estos matrimonios aprenden a disfrutar a plenitud su intimidad sexual, sin que sus sentimientos de "venganza" medien por medio de sus actos sexuales.

¿Ninfomanía sexual o mujeres altamente eróticas?

Clásicamente, a **la hiperactividad sexual masculina y femenina** se le denominaba satiriasis, para el varón, y ninfomanía, para la hembra. Lo de satiriasis viene por el mito clásico de los sátiros, que eran seres que vivían en los bosques y realizaban su actividad erótica persiguiendo a las ninfas, las cuales utilizaban como objetos sexuales. Lo de ninfomanía se refiere a las ninfas, figuras mitológicas que llevaban a cabo sus actos sexuales con los sátiros.

Hoy día, estos conceptos satiriasis y ninfomanía no tienen utilidad y uso científicos. Se habla más bien de **hípererotismo masculino e hípererotismo femenino.** Estos términos se refieren a cuando las personas "buscan continuamente una satisfacción orgásmica sin que, generalmente, puedan llegar a ella". Los adictos sexuales generalmente padecen de hípererotismo sexual.

Nos referimos en el titulo a la llamada "ninfomanía" o hípererotismo femenino, porque al igual que el concepto de onanismo, ambos conceptos referidos a la sexualidad humana, continúan empleándose mal, en el primer caso, en perjuicio de la sexualidad femenina. Tenemos que aclarar que onanismo no significa autoestimulación sexual o masturbación, sino, la eyaculación masculina en el transcurso de un acto sexual, fuera de la vagina, un método de anticoncepción ampliamente utilizado. Por otro lado, el hípererotismo femenino es un trastorno sexual raro o infrecuente. Se dice que una mujer es ninfómana cuando sus intensos deseos sexuales no son satisfechos por sus múltiples relaciones sexuales con su esposo. Estas esposas, aun teniendo sus orgasmos, se ven compelidas e impulsadas a buscar más y más orgasmos. Los esposos de estas mujeres se enfrentan a un gran reto.

Las mujeres altamente eróticas y de intensos deseos sexuales

Hay algunos datos de mujeres que son altamente eróticas. Esposas que necesitan del acto sexual con sus esposos más que el común de las mujeres, y que no están dispuestas a sacrificar su sexualidad con un esposo sexualmente "frío".

La hiperactividad sexual femenina puede deberse a varias razones:

Causas fisiológicas. Algunas mujeres producen más andrógenos, hormonas sexuales masculinas, que estrógenos hormonas sexuales femeninas. Tanto el esposo como la esposa producen ambos tipos de hormonas, pero equilibradas de acuerdo al género.

Causas de necesidad de afecto, de amor. Algunas mujeres, por razones de personalidad, de educación, etc., necesitan sentirse amadas, queridas por sus esposos con una gran intensidad y dedicación.

Causas de simple "coquetería femenina". Muchas mujeres han desarrollado una autoestima hacia su femineidad muy pobre. En estos casos, estas esposas necesitan continuamente de una reafirmación de su condición femenina, mediante la coquetería constante con sus esposos.

Causas de *frigidez sexual*. Hay mujeres que se sienten desgraciadas en su vida sexual, porque sus motivaciones sexuales son muy bajas o pobres. Hay otras mujeres que tienen una alta motivación sexual y sus deseos e impulsos sexuales son intensos, pero ellas son en realidad inorgásmicas. Las mujeres inorgásmicas tienen serias dificultades para experimentar placer durante sus actos sexuales con sus esposos. Algunas esposas nunca experimentan placer sexual por medio de la penetración del pene en la vagina. Estas esposas cuando son penetradas por el pene de sus esposos en su vagina no experimentan nada en su interior. Otras esposas pueden lograr sus orgasmos por una fuerte estimulación de su clítoris por sus esposos. Hay esposas que no logran sus orgasmos por ningún medio. Algunas mujeres con esta dificultad se tornan hiperactivas sexuales buscando una compensación a su disfunción orgásmica.

Causas de relaciones paternas defectuosas. La educación sexual defectuosa, crea generalmente problemas sexuales a las personas en su vida adulta. La educación sexual de muchas mujeres contiene serias deficiencias. La vida sexual de millones de mujeres marcadas por una educación sexual deficiente.

Causas de trastornos emocionales o conflictos psíquicos no resueltos. Para que la respuesta sexual humana se produzca normalmente, los esposos necesitan grados apropiados de salud mental. Los conflictos psicológicos graves no resueltos dificultan tener una vida sexual plena. Muchas mujeres acarrean serios conflictos sexuales no resueltos, algunos desde su niñez. Muchas son violadas sexualmente cuando niñas o adolescentes por padres, abuelos, tíos, primos, padrastros. Estas violaciones sexuales nunca resueltas dejan huellas, memorias o "traumas" horribles que siguen persiguiendo la vida sexual de las mujeres para siempre.

Una causa mayor: la sexualidad femenina sigue siendo incomprendida por sus esposos. Para muchos esposos, la sexualidad de sus esposas es un misterio, un enigma poco comprendido. Sienten y perciben la sexualidad de sus esposas como un gran mito cargado de tabú, especialmente la vagina, órgano sexual femenino. ¿Qué experimenta emocionalmente un esposo cuando ve a su esposa desnuda? ¿Cuántos esposos aún creen que sus esposas eyaculan a la manera de los esposos cuando tienen sus orgasmos? ¿Cuántos esposos saben realmente en qué consiste el orgasmo de sus esposas? ¿Cuántos esposos saben realmente provocarle orgasmos a sus esposas? ¿Cuántos esposos conocen exactamente donde experimentan sus orgasmos sus esposas? ¿Cuántos esposos creen que el mayor placer sexual de sus esposas se encuentra en las partes internas y profundas de su vagina? ¡Hay esposos que se crean problemas porque piensan que tienen penes muy pequeños! Y muchos esposos tienen este "complejo" con sus penes, porque les gustaría tener penes más largos y "voluminosos" para "complacer mejor a sus esposas". La sexualidad femenina sigue siendo incomprendida por sus esposos. Este libro enseña claramente que el mayor placer sexual de las esposas no se encuentra en las profundidades de su vagina, sino en su clítoris y en los labios menores e inferiores de sus vulvas. Los esposos tienen que aprender a amar y aceptar el pene que Dios les ha dado.

Lectura sabrosa

Lectura sabrosa # 14: Para tener "orgasmos del alma" tenemos que aprender acerca del "amor como una forma de vida".

Cuando nos preparamos para escribir este libro, que fue un proyecto de varios años, leímos cientos de libros con temas relacionados. Un libro hermoso y muy significado cayó en nuestras manos, escrito por el famoso escritor cristiano Gary Chapman. El título de este libro es: "El amor como forma de vida: siete claves para transformar su vida".

Creemos firmemente que las siete claves presentadas por el doctor Chapman en este libro son requisitos indispensables para que los matrimonios sexualmente saludables tengan "orgasmos del alma". El doctor Chapman explica que estas claves tienen que ser prácticas en el camino hacia el amor verdadero.

Primera clave: la amabilidad. Los esposos con una vida sexual saludable practican la amabilidad como forma espiritual de disfrutar de sus actos sexuales.

Segunda práctica: la paciencia. Los esposos solamente pueden lograr "orgasmos del alma" si son pacientes uno con otro. Los actos sexuales apresurados no producen "orgasmos del alma".

Tercera práctica: el perdón. Los esposos sexualmente sanos utilizan la herramienta del mutuo perdón constantemente. Los "orgasmos del alma" solamente se producen en cuerpos con corazones perdonados, corazones sin "raíces de amargura", sin resentimientos acumulados y guardados.

Cuarta práctica: la cortesía. Entre esposos las palabras amables y corteses producen milagros. Uno de los milagros de la cortesía es permitir que los esposos que la ejercen en sus convivencias matrimoniales cotidianas vivan una sexualidad sana, exuberante, gozosa, satisfecha, y llena del mutuo disfrute de "orgasmos del alma".

Quinta práctica: la humildad. Los esposos sexualmente sanos se perciben y tratan con humildad y compasión. La humildad permite que el esposo se esfuerce por complacer sexualmente a su esposa, y que la esposa se dedique a satisfacer las necesidades sexuales de su esposo. Esta actitud humilde de los esposos durante sus actos sexuales ineludiblemente produce "orgasmos del alma".

Sexta práctica: la generosidad. Todos los matrimonios sexualmente saludables practican la generosidad como forma activa de amar. El esposo es generoso con su esposa, asegurándose de que ella alcanza sus orgasmos antes que él los suyos. La mutua generosidad durante sus actos sexuales, asegura que los esposos disfruten de "orgasmos del alma".

Séptima práctica: la honestidad. Los esposos con una vida sexual sana son seres honestos. El esposo se comporta con su esposa tal y como Dios lo hizo: con transparencia y honestidad. Y la esposa le responde de la misma manera. Los "orgasmos del alma" de esos esposos son orgasmos transparentes.

Preguntas curiosas

Preguntas curiosas

Para la esposa: La próxima vez que tengan relaciones sexuales, antes de hacerlo, pregúntale a tu esposo cuándo fue la última vez que a él le parece que ustedes tuvieron un "orgasmo del alma". Tengan un corto diálogo sobre el significado de tener un "orgasmo del alma". Si nunca lo han tenido, propónganse que en esa ocasión lo van a lograr, y tomen todas las medidas para que llegue ese día.

Para el esposo: La próxima vez que tengan relaciones sexuales, antes de hacerlo, pregúntale a tu esposa cuándo fue la última vez que a ella le parece que ustedes tuvieron un "orgasmo del alma". Tengan un corto diálogo sobre el significado de tener un "orgasmo del alma". Si nunca lo han tenido, propónganse que en esa ocasión lo van a lograr, y tomen todas las medidas para que llegue ese día.

Capítulo 15

Cómo proveerles de una educación sexual saludable a nuestros hijos

"Yo soy como una muralla,
y mis pechos como torres.
Por eso, a los ojos de él,
ya he encontrado la felicidad"
(Cantar de los Cantares 3:10)

Una de las grandes tareas de los padres es enseñarles una adecuada y efectiva educación sexual a sus hijos.

Cómo criar hijos sexualmente saludables

Empecemos diciendo que generalmente legamos a nuestros hijos lo que somos y tenemos. Si somos esposos sexualmente saludables, por lo general seremos padres sexualmente saludables. Transmitimos a nuestros hijos los mismos **modelos de educación sexual** que recibimos de nuestros padres. Y si no producimos cambios en los **modelos educativos de la sexualidad** que adquirimos de nuestros padres, estos son los modelos educativos sexuales que traemos al matrimonio.

Dentro del matrimonio, practicamos los **modelos educativos sexuales** que poseemos. Y de manera automática, consciente o inconscientemente, transmitimos a nuestros hijos los mismos **modelos educativos sexuales** que vivimos en el matrimonio. Este es un ciclo seguro que nos permite tener la menor cantidad de ansiedad y estrés, especialmente sobre temas tan estresantes como el sexo y la sexualidad.

Los padres tenemos que evaluar nuestros modelos educativos sexuales. Por lo general, tenemos que reeducar nuestra sexualidad. Todos recibimos una educación sexual con claras deformaciones y disfunciones. Nuestros padres no tienen la culpa de habernos transmitido esta educación sexual deformada. Esta fue la educación sexual que ellos recibieron de sus padres, nuestros abuelos, y ellos "responsablemente" nos la legaron a nosotros, sus hijos.

Nosotros como padres sentimos la misma responsabilidad, y nos proponemos hacer con nuestros hijos lo mismo que nuestros padres hicieron con nosotros. Responsablemente les transmitimos a nuestros hijos el **modelo de educación sexual** que recibimos de nuestros padres. En este libro estamos planteando que los padres tenemos que reevaluar nuestros modelos educativos sexuales.

Evaluando los valores de nuestros modelos educativos sexuales

Los padres tenemos que transmitir a nuestros hijos el valor de que el sexo y la sexualidad fueron creados por Dios. La sexualidad no es una invención de la televisión, la radio, la música, el cine, el arte, ni la religión. La sexualidad es una creación divina originada en Dios. Nuestros hijos no pueden perder este valor sobre su sexualidad. Este es el valor primario que engendra todos los otros valores sexuales.

Los padres tenemos que inculcarles a nuestros hijos el valor de que el sexo y la sexualidad son buenos, positivos, sacrosantos. La sexualidad de nuestros hijos no es sucia, pecaminosa, morbosa, peligrosa. Es un componente positivo de su personalidad. Es vital y esencial en sus vidas como una totalidad. Ellos no tienen que rechazar sus deseos, impulsos y motivaciones sexuales como si fueran "indeseables". Deben recibir y aceptar su sexualidad como una parte positiva que Dios ha dado a sus vidas. Los hijos tienen que aprender que el sexo y la sexualidad son "buenos en gran manera" como todas las cosas que Dios hace son "buenas en gran manera".

Tenemos que transmitirles el valor de que la sexualidad es un regalo de Dios para el matrimonio. La belleza de la sexualidad no es para usarla de cualquier manera. El creador de la sexualidad nos ha dejado un manual para su uso adecuado. Las prácticas sexuales son regalos dados a los esposos, es decir, a los hombres y a las mujeres que han entrado en el estado del matrimonio. Mediante sus actos eróticos o sexuales, los esposos llegan a "ser una sola carne" a la vista del creador de la sexualidad, Dios. Nuestros hijos deben practicar el valor de que la sexualidad se vive dentro de un matrimonio monógamo de un hombre y una mujer.

Los padres tenemos que enseñarles el valor de que el placer corporal que existe en las prácticas sexuales de los esposos es positivo, bueno. Dios colocó ese placer sexual en los cuerpos. Y éste no es sucio, morboso, maligno, perverso, desagradable, pecaminoso. El placer sexual fue creado por Dios, y todo lo que Dios crea es "bueno en gran manera". El placer sexual de los cuerpos es "bueno en gran manera".

Los padres tenemos que transmitir a nuestros hijos el valor de que perciban su sexualidad como algo natural. Nuestros hijos tienen que aprender a hablar del sexo y de la sexualidad, con la misma naturalidad que hablan de la comida, de sus ojos, su nariz, su pelo, su estómago, su corazón. Nuestros hijos deben conversar, dialogar sobre su sexualidad, y de la sexualidad en general, de manera natural. Hablar del sexo y de la sexualidad no debe provocar ansiedad, estrés, malestar emocional, trastorno psicomental, emociones y sentimientos morbosos y lascivos. Nuestros hijos deben hablar de la sexualidad con sensaciones agradables, tiernas, serenas y calmadas.

¿Cuándo empezamos a enseñarles sobre sexo y sexualidad a nuestros hijos?

La respuesta correcta a esta pregunta es desde el mismo momento en que llegan al mundo y empiezan a respirar por sí mismos. En ese momento comienza la gran tarea de educación sexual de los padres hacia sus hijos. Ahora los padres pueden tener la noticia de que "es hembra o es varón" antes del nacimiento. Pero lo de haber nacido "hembra o varón" empieza a tener primordial importancia después del nacimiento.

En el modelo educativo sexual de sus hijos no incluya el lenguaje sexual infantil. Si la noticia del nacimiento "es varón", no comience a nombrar su pene "bimbín, pitolita, macanita, toletito", y otros nombres infantiles que se usan en todas las culturas para el pene. De manera consistente, llámelo por su nombre: pene. "hijo, tápese el pene, lávese el pene, cuídese el pene". Y diríjase al pene del niño de manera natural, en un tono de voz natural, con gestos naturales, de la misma manera que usted hace cuando habla de sus ojos, su nariz, su boca, sus pulmones.

Si la noticia del nacimiento "es hembra", no comience a llamar la vagina: "popolita, gorrita, cotorrita" y otros nombres infantiles que se emplean en todas las culturas para nombrar a la vagina. De forma consistente llame a la vagina por su nombre. **"Hija, lávate tu vagina, cúbrete tu vagina, cuídate tu vagina".** Hable de la vagina de forma natural, mostrando los mismos gestos y ademanes que usted muestra cuando menciona el corazón, la boca, las manos, los pies.

Una educación sexual saludable de los hijos empieza en esos momentos y por esos lugares. Los padres tienen que nombrar los órganos genitales creados por Dios de forma natural. Los hijos aprenden y reproducen los modelos educativos sexuales que reciben de sus padres. Los niños y las niñas que desde temprano en su desarrollo aprenden a nombrar correctamente los órganos sexuales, harán eso mismo con sus hijos cuando lleguen a ser padres. Los modelos educativos sexuales se transmiten y se reproducen de generación a generación de forma natural, consciente o inconscientemente. Tenemos que dejarle un buen legado de educación sexual a nuestros hijos.

Los hijos empiezan a hacer preguntas sexuales muy temprano. No evada sus preguntas. Responda a cada pregunta de contenido sexual de acuerdo a la edad, a la situación, y a la complejidad de la pregunta.

"Mami, yo estaba dentro de tu vientre, ¿cómo llegué allí?". Dependiendo de la edad, dele una respuesta simple, sencilla, clara, precisa, pero natural. Y además, su respuesta tiene que contener la verdad de lo que sucede en el proceso de la fecundación y el nacimiento.

"Te trajeron las cigüeñas" no es una buena respuesta. Este tipo de respuestas sexuales perpetúa mitos, tabúes, miedos, vergüenzas y culpas sexuales. Los padres de hoy tenemos la responsabilidad de cambiar esta deformación sexual de los modelos educativos sexuales que les transmitimos a nuestros hijos.

"Madre, yo estuve en tu vientre por nueve meses. ¿Cómo fue que no me ahogué?". Esta es una pregunta excelente para explicar la belleza y el milagro de que Dios creó la maternidad. Además, con esta pregunta los padres pueden explicar el milagro de la vida humana.

"¿Mami, por dónde salí yo de tu vientre?". No invente historias falsas. Esta es una pregunta maravillosa para que los padres expliquen a sus hijos cómo ocurre la fecundación. Hay formas simples de enseñarles a los hijos, dependiendo de su edad, en qué realmente consiste la sexualidad en el matrimonio.

Las preguntas con contenidos sexuales de nuestros hijos son la gran oportunidad que tienen los padres para transmitir valores sexuales positivos a sus hijos. Si los padres no aprovechan esta oportunidad, los hijos aprenden sus valores sexuales fuera del seno de la familia. Generalmente, los valores sexuales que se enseñan fuera del seno de la familia no tienen los valores sexuales que la familia posee.

"¿Mami, qué hacen tú y papi cuando se desnudan en la cama y se encierran en el cuarto?". Otra vez, dependiendo de la edad y las situaciones, dé respuestas claras y simples. Este tipo de preguntas es una gran oportunidad que los padres tienen para hablar sobre el amor, las relaciones humanas y románticas a los hijos.

"Mami, el pene se me para cuando estoy cerca de mi amiguita Luisa".

"Mami, Luisito trató de tocarme mi vagina cuando estábamos haciendo fila en la escuela".

"Mami, Andresito y yo jugamos a papá y mamá. Ayer él me dio un besito en la boca".

Todas estas son preguntas con contenidos sexuales que de seguro los hijos hacen a sus padres. Los padres tenemos que reeducar nuestros modelos educativos sexuales con los que nos criamos, para entonces estar más capacitados para dar respuestas adecuadas y efectivas. Tenemos que decidir conscientemente el modelo de educación sexual que deseamos dar y dejar a los hijos como legado.

Criar hijos sexualmente saludables es compromiso y responsabilidad de los padres. Dios ha dejado este compromiso no a la escuela, la sociedad, ni a ningún otro grupo social, sino a los padres. Los padres son los progenitores por medio de los cuales los niños y las niñas vienen al mundo. Dios ha dado a los padres el gran privilegio de seguir propagando la vida humana creada por él mismo. Este privilegio de la propagación de la vida se realiza y completa por medio de la sexualidad. Hay un poder ineludible en la sexualidad. La sexualidad de los padres tiene el potencial de crear otras vidas.

Usted encuentra a su hijo o a su hija tocándose sus genitales. No se avergüence, altere, incomode, ni levante una "guerra verbal" contra él o ella.

"Niña, que haces tú tocándote esa parte. Eso no se toca. Ve a lavarte las manos".

"Muchacho, déjate ese aparato tranquilo antes de que venga un gato negro y te lo coma".

Tanto el mensaje como la forma cómo se comunica son negativos. Dejan al niño y a la niña con un sentimiento de culpa, de vergüenza sobre esa parte de su cuerpo. Además, no le explica las razones de por qué no puede tocarse sus genitales. Así es como el pene y la vagina, con toda la representación sexual que ellos contienen, se vuelven tabúes. Como consecuencia, los niños y las niñas aprenden a tener emociones negativas: miedo, vergüenza, culpa, hacia los órganos sexuales y hacia la sexualidad en general.

Todos los niños y las niñas se tocan sus genitales. Pero ellos no lo hacen con las mismas percepciones y actitudes morbosas que muchos adultos lo hacen. Los adultos se tocan los genitales para asearlos y otros para masturbarse. Los niños y las niñas no se masturban en el sentido que los adultos lo hacen, sino que exploran los miembros de sus cuerpos, incluyendo sus órganos genitales, para satisfacer su curiosidad natural. Probablemente, ellos deriven placer de tocarse sus genitales, pero no es el mismo placer que recibe un adulto sexualmente maduro cuando acaricia sus genitales.

La sexualidad es creativa y placentera al mismo tiempo

Este es otro gran valor que los padres tienen que transmitir a sus hijos. La sexualidad creada por Dios es creativa de nuevas vidas, y es además, placentera. Los padres tienen el compromiso de enseñar a sus hijos a utilizar este valor de la sexualidad de manera efectiva y apropiada. Los hijos tienen que aprender de sus padres a usar el poder creativo y placentero de su sexualidad con compromiso y responsabilidad. Este es un valor sexual muy importante. Ese valor sexual promueve el uso de la sexualidad de manera disciplinada. La sexualidad humana no es instintiva. La sexualidad humana no es "salvaje" y desbocada. La sexualidad humana tiene que practicarse con disciplina. El valor de la disciplina sexual emana del valor sexual del compromiso y la responsabilidad.

¿Cómo enseñarles educación sexual a nuestros hijos?

*Con naturalidad, de modo que valore lo espiritual y lo físico de la sexualidad.

*Con valores espirituales claros, nombrando los órganos sexuales de forma natural.

*Con compromiso y responsabilidad, enseñándoles a nuestros hijos que la sexualidad humana no es instintiva. Tenemos que practicar la sexualidad con disciplina.

*Con la clara idea de dejarle un modelo educativo sexual del que nos sintamos orgullosos.

*Con el ineludible valor de que sus prácticas sexuales adultas honren al creador de la sexualidad: Dios.

Lectura sabrosa

Lectura sabrosa # 15: La misma educación sexual que como padre usted posee es la que le transmite a sus hijos.

Asegúrese de que sus valores sexuales están claros y definidos. De manera natural, usted pasa a sus hijos el mismo modelo de educación sexual que recibió de sus padres. Examine el modelo de educación sexual que practica en el matrimonio. Este el mismo modelo de educación sexual que enseña a sus hijos.

¿Necesita hacer algunos cambios en su modelo educativo sexual matrimonial? Los cambios que introduzca en su modelo educativo sexual matrimonial se reflejan en la educación sexual que les imparte a sus hijos en el seno de la familia.

Formúlese las siguientes preguntas, y tómese su tiempo para responder.

¿Cuáles son los cinco valores sexuales más importantes que poseo?

¿Cómo nombro los órganos genitales masculinos y femeninos y cómo me siento al hablar de ellos?

¿Cuáles emociones y sentimientos tengo al observar mi cuerpo desnudo?

¿Cómo reacciono cuando veo a alguno de mis hijos pequeños tocándose sus genitales?

¿Frente a esas circunstancias, qué le sugiero y cómo se lo sugiero?

¿Cómo me siento dentro cuando mis hijos me hacen preguntas sexuales?

¿Cuáles emociones y sentimientos tengo hacia el placer sexual que hay en mi cuerpo?

¿Cuáles emociones y sentimientos tengo hacia el placer sexual que hay en los cuerpos de mis hijos?

¿Creo realmente que Dios es el creador y el dador de la sexualidad?

¿Creo realmente que fue Dios quien puso el placer sexual en los cuerpos?

Preguntas curiosas

Preguntas curiosas

Para la esposa: Ve a la biblioteca pública y busca un video educativo sobre la educación sexual de los hijos. Arregla el tiempo con tu esposo para que los dos vean el video. Luego, tengan una conversación sobre los valores sexuales que ustedes desean que sus hijos desarrollen y posean cuando sean adultos.

Para el esposo: Acompaña y participa con tu esposa. Mira con ella el video, y tengan conversaciones y diálogos acerca de cuáles son los valores sexuales que tiene que poseer la educación sexual de sus hijos.

Capítulo 16
Adolescencia, juventud y sexualidad

"¡Llévame grabada en tu corazón,
llévame grabada en tu brazo!
El amor es inquebrantable como la muerte;
La pasión, inflexible como el sepulcro."
(Cantar de los Cantares 8:6)

Con raras excepciones, las hormonas sexuales de los niños y las niñas están "dormidas" hasta la fase puberal o pre-adolescente en el proceso del desarrollo humano. Las hormonas: testosterona, estrógeno, andrógeno empiezan a producir sus efectos en los cuerpos de los niños y las niñas entre los nueve y los doce años. Durante estos años, los cuerpos comienzan a producir más de estas hormonas, las cuales se van haciendo más predominantes en las conductas de los niños y las niñas. Específicamente, en las conductas que tienen que ver con el sexo y la sexualidad. A las hormonas testosterona, estrógeno y andrógeno se les denomina hormonas sexuales porque afectan e influencian las percepciones, pensamientos, emociones, sentimientos y conductas sexuales en el proceso del desarrollo.

El salto de la niñez a la adolescencia

Una de las grandes diferencias entre la niñez y la adolescencia se encuentra en el despertar de las conductas sexuales de los adolescentes. La adolescencia es una fase transitoria y temporal en el proceso del desarrollo humano, pero está profundamente marcada por el despertar de la sexualidad. Los niños y las niñas poseen "deseos sexuales", y probablemente hagan "fantasías románticas" observando los modelos amorosos de sus padres. Pero en la adolescencia, las fantasías románticas y los deseos sexuales se convierten en aspectos predominantes. Muchos países, incluidos los países desarrollados, tienen dificultades para manejar apropiadamente la sexualidad de los adolescentes. En algunos de estos países el embarazo de los adolescentes se cataloga como un problema serio.

Los Estados Unidos tienen la tasa más alta de embarazos de adolescentes en todo el mundo desarrollado. En los Estados Unidos 42 de cada 1000 muchachas adolescentes entre 15 y 19 años de edad quedan embarazadas. Más de un millón de muchachas adolescentes quedan embarazadas cada año en los Estados Unidos. En Japón, por ejemplo, solamente 5 de cada 1000 muchachas adolescentes quedan embarazadas. En Dinamarca y en Suiza solamente a 6 muchachas de cada 1000 adolescentes les sucede la experiencia del embarazo. En España sólo 12 de cada 1000 muchachas adolescentes se embarazan, y en Canadá solamente 13 de cada 1000 muchachas adolescentes se embaraza. En los países con tasa de embarazo de adolescentes altas, la sexualidad se considera un problema socio-familiar serio.

En los Estados Unidos, las adolescentes hispanas tienen la tasa más alta de embarazo. Ochenta y tres de cada 1000 adolescentes latinas quedan embarazadas antes de los veinte años de edad. Entre las adolescentes latinas de origen mexicano, esa tasa de embarazo se eleva a 94 de cada 1000 adolescentes.

Las adolescentes que se embarazan no sólo abandonan la escuela, sino que también entran a formar parte de las familias más pobres, con un 50% por debajo del nivel de pobreza.

El manejo efectivo de la sexualidad en la adolescencia es un gran reto de los adolescentes mismos, así como de los padres criando adolescentes. La sexualidad mal dirigida durante la adolescencia pude transformarse en un problema socio-familiar que trastorna la vida y la dirección saludable de los hijos.

Estudios en los Estados Unidos, país donde este es un problema socio-familiar serio, indican que los padres tienen marcadas diferencias perceptivas con sus hijos adolescentes sobre este problema.

Examinemos algunas de esas diferencias. Cuando los investigadores le hacen a los adolescentes la siguiente pregunta:

"¿Quién te influencia más respecto a tu decisión de tener relaciones sexuales?"

Las respuestas de los adolescentes lucen así:

*Mis padres	31%
*Yo mismo	23%
*Mis amigos	18%
*Los medios de comunicación	7%
*Los líderes religiosos	5%
*Familiares	4%
*Los maestros y educadores	3%

*Alguien más   4%

*No sé quién   4%

La misma pregunta hecha a los padres de los adolescentes recibe las siguientes respuestas de los padres:

"¿Quién cree usted influencia más a sus hijos respecto a su decisión de tener relaciones sexuales?"

*Sus amigos   43%

*Los padres   24%

*Los medios de comunicación   13%

*Ellos mismos   6%

*Familiares   4%

*Los maestros y educadores   3%

*Alguien más   4%

*Los líderes religiosos   1%

Los padres de adolescentes le asignan mucho más poder a los amigos de sus hijos, que el que sus hijos admiten que tienen en realidad. Además, los padres de adolescentes se dan ellos mismos mucho menos poder sobre esta decisión de sus hijos, que el que sus hijos les asignan.

Ahora fijémonos en la siguiente pregunta que los investigadores hacen a los padres de adolescentes y a los adolescentes. Sobre esta pregunta los dos bandos parecen estar más o menos de acuerdo.

"La tasa de adolescentes dando a luz está creciendo de nuevo. ¿Qué cree usted es lo más efectivo para ayudar a las adolescentes a no quedar embarazadas?

Las respuestas de los adolescentes:

*Conversar más abiertamente con los padres	42%
*Ver las consecuencias de quedar embarazada	37%
*Una mejor educación sobre sexo y relaciones	17%

Las respuestas de los padres:

*Conversar más abiertamente con los padres	51%
*Ver las consecuencias de quedar embarazada	30%
*Una mejor educación sobre sexo y relaciones	16%

Tanto los padres de adolescentes como los adolescentes mismos están de acuerdo en que conversar abiertamente con los padres sobre temas de la sexualidad ayuda a prevenir el embarazo temprano de los adolescentes. Los dos grupos están también de acuerdo que una buena educación sobre sexualidad y relaciones ayuda a prevenir el embarazo de adolescentes.

El porcentaje de padres que conversa y dialoga con sus hijos adolescentes sobre temas de la sexualidad es muy bajo. Note que estamos usando las palabras conversar y dialogar. Hay una marcada diferencia entre amonestar, corregir, advertir, regañar, dar sermones a los adolescentes, y tener conversaciones y diálogos con ellos. Los adolescentes no toman de buenas ganas los sermones de sus padres. Pero sí desean dialogar y conversar con sus padres sobre temas sexuales.

¿Por qué les resulta tan difícil a muchos padres de adolescentes conversar y dialogar con sus hijos sobre temas sexuales y de relaciones románticas?

Es difícil hacer algo sobre lo cual no se ha recibido un buen modelo. A los padres cuyos padres no conversaron y dialogaron con ellos sobre temas sexuales cuando ellos eran adolescentes, les resulta difícil romper ese patrón o ciclo con sus hijos adolescentes. Pero esto es exactamente lo que tiene que suceder. Si los padres no han recibido modelos de conversaciones y diálogos con los hijos adolescentes sobre temas de la sexualidad, entonces la nueva generación de padres tiene el compromiso de iniciar este modelo.

Empiece usted un nuevo modelo de paternidad de adolescente. Converse y dialogue con sus hijos adolescentes sobre temas de su sexualidad y relaciones románticas. Ese es el camino más efectivo para prevenir que ellos practiquen su sexualidad antes de tiempo.

Una gran cantidad de padres se sienten incómodos hablando, conversando, dialogando con sus hijos adolescentes sobre temas sexuales. Estos padres mejor toman el camino más corto: darle a veces, a sus hijos adolescentes, un "sermón de advertencia" sobre el mal uso de la sexualidad.

Eduque su propia sexualidad. Examine sus emociones, sentimientos, percepciones, actitudes y creencias sexuales. Es muy importante que durante sus conversaciones y diálogos sobre la sexualidad con sus hijos adolescentes, usted no le envíe mensajes de doble sentido. Sus valores sexuales tienen que estar claros y definidos, antes de intentar impartir valores sexuales a sus hijos. Clarifique sus valores sexuales. Asegúrese que lo que conversa y dialoga con sus hijos adolescentes sobre temas sexuales, expresa los valores sexuales reales que usted posee.

Hay muchos libros, revistas, videos, en las librerías y bibliotecas públicas sobre este tema. Eduque su sexualidad, y prepárese para tener conversaciones y diálogos sabios e inteligentes con sus hijos adolescentes sobre este tema. Ellos aprecian y valoran estas conversaciones y diálogos sexuales con sus padres.

Capítulo 17

Ejercicios sexuales que mantienen a los matrimonios saludables

"Tu porte es como el porte de una palmera;
tus pechos como racimos.
¡Yo pienso subir a la palmera
y adueñarme de sus racimos!"
(Cantar de los Cantares 7:7,8)

La palmera en este pasaje es la esposa. El esposo dice claramente que se va "adueñar de sus racimos" que son los senos y los pezones de su esposa. Para el noventa y nueve por ciento de las mujeres, sus senos, y específicamente sus pezones, son altamente eróticos y sensitivos al placer sexual. Durante sus actos sexuales, los esposos deben "adueñarse y poseer" los "racimos" o senos (pezones) de sus esposas. El Cantar de los Cantares es uno de los libros de la palabra de Dios, indicando claramente, que Dios ha provisto ¡estas delicias sexuales para los matrimonios!

En el Cantar de los Cantares, el "fruto o fruta" se refiere al pene del esposo. En este mismo sentido, el "jardín" se refiere a la vagina de la esposa.

Hay más en el Cantar de los Cantares. La esposa dice de su esposo: "¡Qué agradable es sentarse a su sombra! ¡Qué dulce me sabe su fruta!" (Cantar de los cantares 2:3). La esposa puede darle placer erótico o sexual a su esposo besando, acariciando y tomando el pene de su esposo en su boca. La Sulamita dice que "la fruta" o pene de Salomón le sabía dulce. La esposa debe encontrar el pene de su esposo dulce, agradable, placentero y disfrutable.

Pero el Cantar de los Cantares no termina ahí. La Sulamita le dice a Salomón: "Ven, amado mío, a tu jardín, y come de sus frutos exquisitos" (Cantar de los cantares 4:16). Antes de que la Sulamita invitara a Salomón a comer y acariciar (con la boca) su jardín (vagina), Salomón le había dicho: "Eres jardín cerrado, cerrada fuente, sellado manantial; jardín donde brotan los granados de frutos exquisitos; jardín donde hay flores de nardos y azafrán, cana aromática y canela, y toda clase de árboles de incienso, de mirra y de aloe; todas las mejores especias aromáticas!".

¡Qué vagina y vulva más deliciosas tenía la Sulamita! Ella mantenía y usaba su vagina tan sabia y placenteramente que volvía a Salomón "loco de amor". Salomón deseaba disfrutar de este jardín constantemente. Así es como las esposas sabias e inteligentes deben mantener y usar su "jardín" o vagina y vulva para sus esposos. Y hacer exactamente como hizo la Sulamita: invitar a sus esposos a comer del fruto de su jardín. A la mayoría de sus esposos les encanta comer de los jardines de sus esposas, especialmente cuando ellas los invitan a hacerlo en ocasiones especiales.

Las tres maneras cómo los esposos creativos pueden tener relaciones sexuales son las siguientes. Estas formas no se refieren a las posiciones sexuales, sino que hacen referencia al tiempo que los esposos dedican durante sus actos sexuales.

Sexo aperitivo ("Rapidito"). A las esposas les encanta tener relaciones sexuales con sus esposos donde esté incluido el romance, las velas y los momentos largos y sin apresurarse. Los esposos también disfrutan de esta forma con sus esposas. Pero ellos también necesitan tener sexo aperitivo, con deleite intenso, espontáneo y sin ritos románticos. Es el sexo "rapidito" o lo que se llama en inglés "quicky". Por lo general solamente **dura de tres a cinco minutos.** Pero los matrimonios no fundan su vida sexual solamente en el sexo aperitivo.

Sexo casero. Esta forma de hacer sexo debería ser el "sello distintivo" en la dieta sexual de los esposos. El sexo casero **dura por lo menos treinta minutos.** Este contiene calentamiento, estimulación erótica mutua, y por lo general termina en coito o penetración vaginal. La media hora se puede dividir así: cinco minutos para el esposo, veinte minutos para la esposa, y otros cinco minutos para disfrutar los momentos finales después de los 3 a 10 segundos del orgasmo del esposo, y los 8 a 60 segundos del orgasmo de la esposa.

Sexo gourmet. Estos son actos sexuales especiales. Los esposos tienen que planificar estos encuentros, porque de lo contrario, no van a tener la oportunidad de disfrutarlos. El sexo gourmet contiene romance intenso, **y dura por lo menos dos horas.** Un matrimonio saludable no puede durar largo plazo y estar plenamente satisfechos, sino planifica y ejecuta regularmente el sexo gourmet. **Los matrimonios que solamente dependen del sexo operativo y del sexo casero, a largo plazo se encuentran con el aburrimiento y la rutina.** Y estos dos ingredientes son peligrosos y riesgosos para mantener un matrimonio saludable, estable, exitoso y feliz. En unos de los ejercicios sexuales les daremos algunas ideas para tener sexo gourmet. Con el tiempo de vida matrimonial, es natural que la "curiosidad sexual" de los esposos baje de nivel. Pero los esposos saludables no permiten que sus "curiosidades eróticas" bajen a cero. El sexo gourmet contribuye a que la pareja mantenga sus "curiosidades sexuales" a niveles motivadores y que dinamicen la vida matrimonial.

Cómo mantener la chispa romántica en el matrimonio: algunos juegos sexuales saludables

1. Juegos sexuales sanos practicados por Sulamita y el rey Salomón en el Cantar de los Cantares

La Sulamita y Salomón usaban los olores para incrementar su libido o deseos sexuales. Utilizaban toda clase de especias aromáticas de la época. Los aromas agradables, tanto en el cuerpo como en forma de luz encendida, despiertan las motivaciones sexuales. Llenar la tina y ponerle aceites perfumados para el cuerpo, flores, y alumbrar el baño con velas aromáticas, produce una sensación relajante y prepara los cuerpos de los esposos para gozar de intimidad profunda.

La Sulamita y Salomón usaban juegos sensuales para prolongar su placer erótico. Poner miel en las zonas erógenas mientras los esposos se acarician y disfrutan del sabor agradable de la miel tomada con la boca de sus cuerpos, resulta altamente placentero. Algunos prefieren usar y poner sobre sus cuerpos frutas, como mango, melones, guineos maduros, etc., y disfrutar el comérselas en los cuerpos de cada uno.

Todos estos son juegos eróticos que despiertan el placer sexual que Dios ha colocado en los cuerpos de los esposos. En el Cantar de los Cantares, la Sulamita y Salomón tomaron ventajas de estos y otros juegos sexuales. Ellos usaron la creatividad sexual que Dios le había dado, para gozar más plenamente el placer sexual que Dios puso en sus cuerpos con el fin de que lo disfruten durante sus actos sexuales en el matrimonio. Los matrimonios creativos de hoy disponen de más herramientas y pueden hacer lo mismo que la Sulamita y el Rey Salomón hicieron con su vida sexual, y mucho más.

2. Los encantos femeninos de Raquel y la vida sexual de Jacob

Jacob amó a Raquel desde que la vio. El amor de este matrimonio fue un "amor a primera vista", mucho antes de que las características del amor romántico existieran en la historia humana. Ya casados, Jacob prefería tener relaciones sexuales con Raquel. Cuáles encantos femeninos tenía esta mujer para mantener a Jacob "prendido" a ella como unos adolescentes locamente enamorados. La historia no da muchos detalles, pero es claro que Raquel no sólo poseía encantos femeninos, como le sucede a toda esposa, sino también sabía cómo usarlos para mantener a su esposo interesado en ella sexualmente con el paso de los años de matrimonio.

Dios ha hecho a cada esposa con encantos sexuales específicos para despertar la libido o deseos sexuales de sus esposos. Todos los esposos se rinden ante los encantos sexuales seductores de sus esposas. Especialmente, cuando las esposas usan sus encantos sexuales con sus esposos como un hábito sexual dentro de su matrimonio. Los hombres son altamente visuales, porque Dios los hizo de modo que las córneas de sus ojos están directamente ligadas a sus penes. Cuando el esposo ve a su esposa con una ropa sexualmente seductora, o en una posición sexual reveladora, queda básicamente seducido sexualmente. Y es muy poco lo que puede hacer para "liberarse de esa seducción". Recuerde: las córneas de sus ojos están conectadas con su pene. Cuando el esposo ve a su esposa en condiciones sexuales seductoras, la señal que su pene recibe inmediatamente es la de tener una erección. Y después que el pene tiene una erección, los únicos pensamientos que le llegan a su mente son los de eyacular. En estos momentos, el esposo es una "presa mansa" de las seducciones sexuales de su esposa.

Las esposas sexualmente inteligentes y sabias, utilizan las habilidades sexuales seductoras que poseen en la vida sexual con sus esposos. Raquel las usaba con Jacob y le dio buenos resultados hasta el final. Las esposas con inteligencia y sabiduría sexual, atraen a sus esposos para mantenerlos ahítos de amor. Estos esposos no tienen que buscar nada en otros "jardines". Dios es el creador de las esposas seductoras, y él espera que éstas utilicen sus habilidades sexuales de seducción, para mantener a sus esposos "ahítos de amor". Utilice sus encantos femeninos dados por Dios para mantener a su esposo enamorado.

3. David y Betsabé. Esposos: cómo utilizar tu imaginación sexual con tu esposa (David vio a Betsabé cuando se bañaba)

Toda la historia de David y Betsabé empezó cuando David vio a Betsabé mientras ésta se bañaba. David, como rey, tenía a muchas mujeres a su disposición. ¿Qué fue lo que David vio en Betsabé mientras ésta se bañaba? Digamos que lo atrajo su cuerpo femenino probablemente bañándose desnudo. Y además, digamos que David se encontraba con una alta libido o deseo sexual en ese momento. David envió por Betsabé y tuvieron relaciones sexuales. Pero el asunto no termino allí. David deseaba más sexo con Betsabé. ¿Y por qué David no tenía relaciones sexuales con sus otras esposas y dejaba a Betsabé, una mujer casada, tranquila con su esposo?

David quedó atrapado con los encantos sexuales de Betsabé. Y la hizo su esposa, por lo cual pagó un precio muy alto. Se dice que el Salmo 51 es su oración a Dios después del primer acto sexual que tuvo con Betsabé. El rey Salomón es producto de ese matrimonio.

Los esposos sexualmente saludables usan su imaginación sexual, ésa que David utilizó con Betsabé, para complacerse y para complacer a sus esposas sexualmente. La imaginación sexual es poderosa. En realidad, la sexualidad humana es 80% imaginación y fantasía, y sólo 20% fricción o caricias de los cuerpos de los esposos. Los esposos con salud sexual usan ese 80% de la imaginación que poseen para disfrutar de una excelente vida sexual con sus esposas. Sólo así, un esposo puede serle sexualmente fiel a su esposa.

¿Cómo las esposas colaboran con sus esposos para que ellos usen el 80% de su imaginación y su fantasía sexuales solamente con ellas? Las esposas con sabiduría e inteligencia sexual se apropian y adueñan del 80% de la imaginación y la fantasía sexual de sus esposos. Utilizan sus coqueterías y sus encantos sexuales femeninos para lograrlo. Dios les ha dado las habilidades a las esposas para que se adueñen y controlen el 80% de las imaginaciones y las fantasías sexuales de sus esposos. Solamente tienen que usarlas de manera natural. Las esposas pueden ser espirituales y piadosas, al mismo tiempo que sensuales y sexuales con sus esposos.

4. Sansón y Dalila. El poder de convencimiento del cuerpo de la esposa

Los cuerpos de las esposas poseen un poder enorme de convencimiento sexual. Dalila, maliciosamente, utilizó su poder de convencimiento sexual contra Sansón. Y lo llevó a la ruina espiritual, emocional, intelectual, mental y física. Hay millones de mujeres que en pleno siglo XXI siguen usando su poder de encantamiento y convencimiento sexual para arruinar a millones de hombres, romper millones de matrimonios y familias, acabar con profesiones promisorias, y derribar y destruir ministerios y ministros. El poder de convencimiento y los encantos sexuales de las mujeres son hechos poderosos en cualquier cultura humana.

Las esposas con inteligencia y sabiduría sexual usan estos encantos sexuales, y el poder de convencimiento sexual de sus cuerpos, para conservar sus matrimonios sexualmente saludables.

Los cuerpos de todas las esposas tienen poder de convencimiento sexual. Originalmente, es este poder de convencimiento sexual de la mujer el que atrae al hombre. Las esposas sabias siguen usándolo con inteligencia. Dios le regaló este convencimiento sexual a las esposas para que ellas lo utilicen sabiamente con sus esposos, para mantenerlos encantados y convencidos de que solamente sus esposas pueden darle lo que ellos necesitan para complementarse sexualmente. Tienen poder de convencimiento sexual en sus cuerpos. Su gran tarea es usar este poder para el bienestar de sus matrimonios y de sus familias. Cuando las esposas usan sabiamente su poder de convencimiento sexual, sus esposos no tienen nada que buscar fuera de sus matrimonios.

5. "Y conoció Adán a Eva". Cómo disfrutar de los actos sexuales en el matrimonio

No cabe ninguna duda, aunque la Biblia no lo relate, que Adán y Eva gozaron de excelente vida sexual antes de pecar. Ellos tenían todo un paraíso para disfrutarse mutuamente. Y además gozaban de la bendición de su creador para hacerlo. Pero es en Génesis capítulo 4, después que Adán y Eva pecaron y fueron echados del Jardín del Edén, que se relata que "El hombre (Adán) se unió (conoció) con su esposa Eva" (Génesis 4:1).

El sexo permite que los esposos se conozcan y se unan a niveles profundos. Debido a que una gran cantidad de esposos viene al matrimonio lleno de miedos, vergüenzas y culpas hacia sus cuerpos, el placer sexual de sus cuerpos, su sexualidad, dar y recibir placer erótico, expresar sus gustos sexuales, siempre le damos el siguiente ejercicio a los esposos.

Elijan un día cómodo y feliz. Por solamente cinco minutos, con su recámara matrimonial bien cerrada, desnúdense totalmente y párense frente a un espejo donde puedan verse todo el cuerpo. Debe haber buena luz en la habitación. Uno al lado del otro, agarradas las manos, por cinco minutos se observan solamente sus órganos sexuales. El esposo observa, desde el espejo, la vagina de su esposa; la esposa observa, desde el espejo, el pene de su esposo, por cinco minutos. No se dicen nada. No hay preguntas, comentarios, ni risas, sólo observar el órgano sexual de su pareja por cinco minutos. Al final de los cinco minutos, cada uno le da un masaje con aceite al cuerpo del otro. Ese ejercicio no tiene contenido sexual, pero los esposos ¡deben estar preparados para cualquier emergencia que ocurra! Repitan este ejercicio por lo menos una vez al mes. Las primeras veces les resultara difícil estar en COMPLETO SILENCIO por cinco minutos. La idea central de este ejercicio es aprender a aceptar totalmente el cuerpo que Dios les dio frente a su pareja. Los esposos que aceptan sus cuerpos de manera natural, disfrutan de una vida sexual más plena.

6. **Cómo los esposos elevan la autoestima de sus esposas teniendo una buena vida sexual. Adán llamó a su mujer Eva: "Madre de todos los que viven" (Génesis 3:20).**

Uno de los beneficios que tienen los esposos que viven una vida sexual saludable, es que ésta contribuye a tener una **autoestima** saludable, positiva, optimista, alegre. Los científicos de esta área del saber humano han comprobado que los buenos orgasmos levantan la autoestima. Los esposos con una vida sexual saludable, activa, mutuamente satisfactoria, duermen mejor, ejercen sus tareas cotidianas con un mejor estado de ánimo, y tienen percepciones de la vida más positivas y optimistas. Adán levantó la autoestima de su esposa al llamarla Eva. Este nombre hace referencia a su vida sexual. Para Eva ser "madre de todos los que viven" necesita practicar mucho sexo con Adán. Eva era una esposa feliz sexualmente. Las esposas que experimentan orgasmos plenos, no a medias, de manera constante, son felices, alegres. Los orgasmos de las esposas duran más que los orgasmos de los esposos. Gozan y disfrutan más sus orgasmos. Además, experimentan sus orgasmos en todo su cuerpo, no solamente en su área vaginal. Los orgasmos de las esposas son realmente liberadores y las hacen sentir bien. Los esposos sabios e inteligentes sexualmente se aseguran de que sus esposas "multiorgásmicas" estén bien satisfechas en su sexualidad.

7. **Esposos: venciendo la vergüenza, para hacer el sexo desnudos y sin luz. "Tanto el hombre como su mujer estaban desnudos, pero ninguno de los dos sentía vergüenza de estar así" (Génesis 2:25).**

Todos los esposos del siglo XXI deberían imitar a Adán y Eva al practicar una sana sexualidad como Dios ordena. Tanto la educación como las enseñanzas deformadas de la sexualidad han contribuido a que los esposos la vivan con vergüenza. Los esposos de hoy, en pleno siglo de las luces y de la tecnología, expresan y practican su sexualidad uno al otro, como si estuvieran haciendo algo malo, sucio, indebido, peligroso, morboso, insano, indecente. Este libro pretende derribar estas ideas erróneas de los actos sexuales legítimos de los esposos. Su lectura y la práctica de sus ejercicios por parte los esposos, les permitirá vencer poco a poco la vergüenza que se pone como barrera a una vida sexual saludable y plena en el matrimonio.

La próxima vez que tengan relaciones sexuales asegúrense que la habitación matrimonial esté llena de luz, clara, y que se observan de manera mutua, los gestos que hacen cuando se producen placer erótico o sexual. Miren los gestos de sus rostros especialmente, y escuchen bien la forma de la respiración de ambos. A propósito, el esposo permite que la esposa tenga su orgasmo primero para observar bien qué hace y dice en los momentos orgásmicos. Observe su boca, sus ojos, y el color de su piel. Luego la esposa observa a su esposo de la misma manera cuando él está teniendo su orgasmo. Esos recuerdos de los esposos son agradables y positivos. Dios colocó este placer sexual en los cuerpos de los esposos para que lo disfruten. Disfrutar de algo es usar los sentidos para absorberlo.

8. Esposos: Cómo sincronizar los organismos simultáneos. (No siga el ejemplo del hijo de Judá)

Los esposos que aprenden a tener orgasmos simultáneos han aprendido a sincronizar la verdadera danza sexual. Alguien ha dicho que la oportunidad de los esposos de tener orgasmos simultáneos es como "estornudar al mismo tiempo". Pero los orgasmos simultáneos son posibles algunas veces. Solamente los esposos que viven una vida sexual saludable pueden lograr en ocasiones orgasmos simultáneos. Estos necesitan de sincronización espiritual, emocional, psicológica, mental y física. Los esposos que sincronizan sus actos sexuales a estos niveles, es porque viven una vida sexual sana. Los orgasmos simultáneos de los esposos requieren que ellos desarrollen una comunicación íntima, profunda. Requieren además, una entrega mutua sin reservas. Los orgasmos simultáneos son los momentos más íntimos y profundos que los esposos pueden lograr durante sus actos sexuales.

9. Esposo: descubriendo el "Punto G" de tu esposa

Parece que hay muy pocas dudas de que las mujeres poseen un Punto "G". Los esposos tienen una gran tarea, que es al mismo tiempo muy placentera: descubrir y emplear el Punto "G" de sus esposas. En otro capítulo de este libro hay una descripción detallada de cómo encontrar el Punto "G" de su esposa. Allí se indica dónde se encuentra y la manera más rápida como el esposo puede llegar a él. Busque este material en este libro, léalo, y descubra el Punto "G" de su esposa, en caso de que todavía no lo haya descubierto. A la esposa le decimos: asegúrese de que su esposo lea el material en este libro sobre su Punto "G", con la clara intención de que él use sus dedos para encontrarlo y usarlo durante los actos sexuales especiales que ustedes decidan tener. Dios puso un Punto "G" en las esposas para que sus esposos lo encuentren, jueguen con él, se diviertan, y le produzcan placeres sexuales sanos a sus esposas.

10. Esposos: los cuerpos que Dios les dio están llenos de zonas placenteras. Cómo usar en tu vida sexual las zonas erógenas de tu cuerpo.

Esta es la buena noticia para los esposos: sus cuerpos están llenos de zonas sexualmente placenteras. Los esposos que viven una vida sexual saludable descubren cada día nuevas zonas erógenas o sexuales. Y hacen esto, no para satisfacer sus propios "egos sexuales", sino para satisfacer a plenitud las expectativas sexuales de su pareja. Los esposos descubren sus zonas sexuales placenteras tocándose, acariciándose, jugando con sus cuerpos. Los cuerpos de los esposos no muerden. No tienen razones para tenerle miedo a sus cuerpos. Dios desea que ellos exploren los placeres que Él escondió en sus cuerpos. Esas zonas erógenas son parte de los regalos especiales de Dios. Son regalos de Dios para disfrutarse dentro de la vida matrimonial. Los esposos sexualmente sabios e inteligentes disfrutan de esos regalos especiales de Dios. La vida sexual de los esposos es un juego y una danza llenos de alegría, gozo, y mutua satisfacción. Los esposos no deben morir con sus zonas erógenas no descubiertas.

Esposa: prepara un acto sexual especial con tu esposo. Asegúrate que es el momento, sin interrupción, sin miedos. Prepara el ambiente físico: luces, olores, aceites para masajes, música suave. Luego pídele a tu esposo que te haga el sexo de forma especial, tocándote y acariciándote donde nunca lo haya hecho. Dile que se tome su tiempo, que tenga paciencia. Dile que explore las partes de tu cuerpo con sus dedos, con calma y suavidad. Dile que se olvide del placer sexual para él, pues su placer vendrá mas tarde. Explícale que se concentre y enfoque en darte placer a ti, porque ese acto sexual es un regalo de él para ti. La esposa solamente se relaja y disfruta. Este encuentro sexual especial para los esposos de descubrir sus zonas erógenas debe durar al menos una hora. No hay ninguna prisa por tener orgasmos. Borren la palabra orgasmo de su diccionario sexual por una hora al menos.

11. Esposos: cómo sanar la imagen negativa de los cuerpos. Desnudos los dos frente al espejo por cinco minutos.

Vamos a repetir el ejercicio frente al espejo. Este es un ejercicio sanador. Desarrollamos percepciones y creencias negativas de nuestros cuerpos. Especialmente de la desnudez frente a la pareja, el placer sexual que hay en los cuerpos, las zonas erógenas. Y trasladamos estas percepciones y creencias negativas a la vida sexual en el matrimonio. Este ejercicio nos ayuda, poco a poco, a aceptar con naturalidad nuestros cuerpos desnudos frente a nuestra pareja. Y en un nivel más profundo, luego podremos explorar el placer sexual en el cuerpo de la pareja con naturalidad.

Escojan un momento tranquilo y sin interrupciones. Cierren su habitación matrimonial. Asegúrense de que la habitación esté bien iluminada, que tienen aceites para masajes de los cuerpos, y que hay un espejo donde puedan verse el cuerpo entero, o al menos las medias partes de sus cuerpos (del ombligo hasta las rodillas). Desnúdense completamente. Agarrados de las manos uno al lado del otro, párense frente al espejo. Sin decir palabras, sin risas, sin comentarios, el esposo observa por cinco minutos el área genital de su esposa (su vagina, vulva); la esposa observa el área genital de su esposo (su pene, escroto). Ponga el reloj para que le indique cuando han pasado los cinco minutos. A los cinco minutos, se mueven y cada uno le da un masaje con aceites aromáticos al cuerpo del otro. Es preferible que la esposa le dé el masaje primero al esposo. Este no es un masaje con contenido sexual. Úntense aceite poco a poco, y con suavidad, le dan un masaje a todo cuerpo. Es preferible empezar el masaje por la espalda. Se acuestan boca abajo cómodos cada uno en su oportunidad. Luego el masaje del frente de los cuerpos. Los cuerpos deben estar relajados, las piernas estiradas y semi-abiertas, los brazos estirados y abiertos, las manos abiertas. La última parte del cuerpo que recibe el masaje son sus zonas genitales. Estas zonas reciben una atención especial. Estén preparados al final para cualquier emergencia sexual que pueda ocurrir. Pero recuerden: este no es un encuentro que tiene que terminar realizando el acto sexual completo. Pero si así termina, estén preparados para eso.

Practiquen este ejercicio por lo menos una vez al mes. Pueden alargar el tiempo desnudo frente al espejo. La idea central de este ejercicio es que los esposos aprenden a aceptar sus cuerpos. Además, aprenden a explorar sus cuerpos de manera sana. Este ejercicio produce sanación de la imagen del cuerpo. Estos dos factores contribuyen a desarrollar una vida sexual saludable en el matrimonio.

12. Esposo: cómo descubrir el clítoris de tu esposa, y usarlo para enriquecer su vida sexual

Desde que Freud habló de dos tipos de orgasmos diferentes para las mujeres, las discusiones sobre este tema continúan. ¿Experimentan las mujeres orgasmos vaginales y orgasmos clitorideos? Y si es así, ¿cuál de los es más placentero para las mujeres?

Hasta este momento del conocimiento, parecen que los datos sobre este tema indican lo siguiente. Las mujeres empiezan a experimentar sus orgasmos en su órgano genital, en la vagina, llegan a todo su cuerpo, y finalmente regresan a su vagina y a sus áreas genitales. En este sentido, los orgasmos de las mujeres son diferentes a los orgasmos de los hombres. Los orgasmos de los hombres son estrictamente locales, centrados en sus áreas genitales, particularmente sus penes y escrotos, donde se produce su eyaculación.

Parece ser, que cualquier orgasmo pleno y completo de una mujer, tiene que desencadenarse, fluir o producirse, como consecuencia de alguna forma de estimulación de su clítoris. El clítoris de la mujer está lleno de terminaciones nerviosas ligadas a los centros placenteros del cerebro. Su orificio vaginal contiene muy pocas terminaciones nerviosas conectadas a los centros placenteros del cerebro. Mientras más profundo es el orificio vaginal, menos terminaciones nerviosas existen. El clítoris de las esposas tiene que ser estimulado para que ella logre su orgasmo pleno.

Muchos esposos no saben o tienen dudas donde realmente encontrar el clítoris de su esposa. Muchos lo buscan en lugares donde definitivamente no se encuentra. El clítoris de tu esposa no se encuentra dentro de su orificio vaginal; se encuentra en la parte externa o fuera de su vagina, en el área superior hacia arriba donde ella tiene su ombligo (no cerca del ombligo, por favor). Algunas esposas han sido doblemente bendecidas, y tienen un clítoris bien protuberante o hacia fuera. Si le pides a tu esposa que se acueste boca arriba y abra sus piernas, y observas y abres el área de arriba o final de su vagina, si tu esposa es una de esas mujeres doblemente bendecidas con un clítoris bien salido, lo puedes ver, sobre todo si ella está sexualmente excitada. Si tu esposa es solamente bendecida, como el 90% de las mujeres, tú necesitas usar tus dedos para encontrar y tocar su clítoris. Éste se encuentra en el mismo lugar de su vagina señalada arriba, pero está cubierto por membranas o capas carnosas. Con tus dedos lo descubres con facilidad. El clítoris de tu esposa es sensible, porque está lleno de terminaciones nerviosas. Tócalo con suavidad y cuidado. Pídele a tu esposa que te indique el ritmo y la intensidad que desea cuando le toques su clítoris.

Una vez lo encuentres, hay otras formas de estimular el clítoris de tu esposa además de tus dedos. Sé un esposo creativo. La estimulación de su clítoris es la mejor forma de producirle orgasmos a tu esposa. Y recuerda, que el clítoris de tu esposa lo creó Dios como un regalo para ella. Pero la única función de este órgano es que el esposo lo use para darle placer. Como esposo, cumple con la función del clítoris que Dios le regaló a tu esposa.

13. Esposa: cómo acariciar apropiadamente el glande (cabeza) del pene de tu esposo para enriquecer tu vida sexual.

El glande o cabeza del pene del esposo, equivale al clítoris de la esposa en términos de producción de placer erótico. Esta es la porción del pene del esposo que contiene la mayor cantidad de terminaciones nerviosas ligadas a los centros placenteros del cerebro. Difícilmente un hombre tiene su orgasmo sin la estimulación del glande de su pene. Como el clítoris de la esposa, el glande del pene del esposo es muy sensible y hay que estimularlo con suavidad y delicadeza. Las palmas de las manos son buenas para hacerlo. El roce suave con los muslos, la vulva, el rostro de la esposa son excelentes acariciadores del glande del esposo. A muchos esposos les provoca mucho placer que su esposa use su boca para acariciar su glande. Esposa, recuerda que la única función del glande del pene de tu esposo es darle placer erótico. Dios le dio este regalo a tu esposo, para que tú lo utilices para provocarle placer erótico.

14. Cómo despertar la libido, deseo o apetito sexual

Este libro entero está lleno ideas de cómo los esposos pueden despertar su libido, deseo o apetito sexual. Los esposos disponen de toda una vida para usar las ideas sexuales de este libro, y de ese modo aprender a vivir una sexualidad más saludable, plena, estable, feliz y exitosa.

15. Hacer el sexo es 80% imaginación, y sólo 20% fricción (caricias, abrazos, toques de zonas erógenas).

Cuando los esposos realizan el acto sexual no están meramente satisfaciendo y cumpliendo una función física y fisiológica de sus cuerpos. Dios hizo la sexualidad con funciones fisiológicas que emanan de los cuerpos de los esposos. Y ellos tienen que tener una buena comprensión de estos procesos sexuales biológicos de sus cuerpos. Este libro contiene mucha información para ayudar a los esposos en ese aspecto.

Pero la sexualidad, tal y como Dios la creó, es esencial e intrínsecamente espiritual con contenidos fisiológicos de expresión. El 80% de la sexualidad que los esposos practican es fantasía e imaginación. Esta se encuentra en la manera de pensar, imaginar, fantasear de los esposos, a partir de sus creencias, sus percepciones y sus conocimientos sobre la sexualidad. Los esposos necesitan poseer una psicología sexual saludable. Con una psicología sexual saludable, pueden completar fácilmente el otro 20% de su sexualidad. Ese libro se dirige a ayudar a los esposos a lograr los dos aspectos de su sexualidad: el psicológico y espiritual, y el fisiológico. Los esposos sexualmente saludables se satisfacen sexualmente de esta manera.

16. Dios puso el placer sexual en los cuerpos de los esposos; describe con detalles qué harás para darle placer sexual a tu pareja. (Cantar de los Cantares 5:10-16).

Este libro está lleno de excelentes ideas sexuales tomadas del Cantar de los Cantares. Pero la sexualidad de los esposos es una práctica, y como toda práctica, la sexual demanda acciones. Los esposos que viven una vida sexual saludable no solamente dicen "palabras bonitas" sobre la vida sexual en general. Las delicias sexuales que relatan la Sulamita y el rey Salomón en el Cantar de los Cantares fueron experiencias sexuales que ellos vivieron en su matrimonio. Ellos, como esposos, no están solamente hablando de experiencias sexuales saludables, sino que vivieron sus propias experiencias sexuales saludables.

Los esposos sexualmente saludables tienen que hacer lo mismo que ellos. La sexualidad de los esposos implica sus pensamientos, sus emociones y sentimientos y sus conductas sexuales. Los esposos sexualmente saludables:

(1) Tienen pensamientos sexualmente saludables.

(2) Tienen emociones y sentimientos sanos hacia su sexualidad.

(3) Practican conductas sexualmente sanas, teniendo actos sexuales ricamente y placenteros.

Estos pensamientos, emociones, sentimientos y conductas sexuales de los esposos sanos sexualmente, proceden de sus creencias y percepciones sanas.

17. ¿Qué tan importante es el clítoris o "la pequeña llave" en la vida sexual de la mujer?

En otras secciones de este libro ya hemos hablado de la importancia vital del clítoris para la vida sexual de la mujer. Esta porción de sus órganos sexuales es llamada "la pequeña llave" de la vida sexual de tu esposa. Y con mucha razón.

18. ¿Se centra el orgasmo de la mujer en su clítoris, o ella tiene algún otro tipo de orgasmo?

Hay muchas informaciones sobre este tópico en el libro.

19. ¿Pueden las mujeres tener orgasmos múltiples?

La respuesta a esta pregunta es un definitivo SI. Ya está bien documentado que tu esposa es multiorgásmica. Sobre el orgasmo esta pregunta se responde con detalles en este libro.

20. ¿Qué son los orgasmos simultáneos?

Los orgasmos simultáneos son estos momentos eróticos cuando los esposos logran sincronizar sus orgasmos para que estos se den al mismo tiempo. Es una situación difícil para los esposos lograr sus orgasmos simultáneamente, pero es posible y con una recompensa agradable para ambos. En este libro planteamos claramente que los esposos sexualmente saludables deberían trabajar hacia lograr que sus hijos, cuando decidan tenerlos, sean engendrados durante sus orgasmos simultáneos. Parece que hay algunas indicaciones de que esta es una de las condiciones para procrear genios. No es la única, y no estamos planteando que haya una relación causal entre orgasmos simultáneos y nacer genio. Eso no es lo que estamos diciendo en este libro. Hasta hoy, el número más alto de genios que ha tenido la humanidad en el último siglo, ha surgido de los judíos. Ellos han aprendido varios "trucos" para procrear genios, incluyendo el uso efectivo de su sexualidad y sus orgasmos.

Los esposos sexualmente saludables trabajan con la sincronía de sus orgasmos. Y en ocasiones especiales, procuran lograr algunos. Los orgasmos simultáneos producen una satisfacción extra a los esposos que lo logran. Ellos crean y están rodeados de los grados más profundos de intimidad espiritual, emocional, psicológica, mental y física.

Lectura sabrosa

Lectura sabrosa # 17: Los "espíritu-orgasmos" en comparación con los "Psicasmos" y los "orgasmos del alma"

El término "Psicasmo" se le ocurrió al doctor Paul Pearsall en su libro "Super Marital Sex". Dice el doctor Pearsall que "toda relación sexual y toda interacción sexual tiene que ver más con fusionarse que con la penetración". Por eso él originó el término Psicasmo. Durante sus orgasmos los esposos funden, no sólo su cuerpo físico, sino también su vida emocional.

En este libro, nosotros estamos tomando prestado el término "orgasmo del alma" de las escritoras Dillow y Pintus, y nos extendemos aún más allá. Nosotros planteamos el orgasmo espiritual, al que estamos llamado "espíritu-orgasmo".

La sexualidad y los actos sexuales de los esposos son intrínseca y esencialmente actos sexuales espirituales. Los orgasmos tienen bases y son fenómenos espirituales. Lo que los esposos experimentan es "espíritu-orgasmos". Estamos acostumbrados a pensar y hablar de los orgasmos como fenómenos meramente fisiológicos. Y es verdad que los orgasmos tienen componentes fisiológicos medibles. Ellos se crean y manifiestan fisiológicamente en los cuerpos de los esposos.

Pero la experiencia fenomenológica de los orgasmos es una experiencia espiritual, no física. La experiencia fenomenológica de los orgasmos es tan sublime e indescriptible, que los esposos tienen problemas para encontrar palabras que describan sus orgasmos. Estos van más allá de una descripción física. Se pueden describir los procesos fisiológicos que se producen en los cuerpos de los esposos cuando tienen sus orgasmos. Pero las vivencias que estos procesos fisiológicos provocan son vivencias espirituales.

Los orgasmos de los esposos no son simplemente actos orgásmicos, sino actos de amor, afecto, cariño y ternura profunda. En los orgasmos de los esposos funcionan no sólo sus cuerpos físicos, sino sus espíritus, sus almas, sus mentes, sus afectos. Durante la experiencia de sus orgasmos los esposos se salen tanto del tiempo como del espacio. El esposo, durante el corto periodo de tiempo de 3 a 10 segundos que dura su orgasmo, pierde toda noción de tiempo y espacio. Lo mismo le sucede a la esposa durante los 8 a 60 segundos que dura su orgasmo.

Por lo tanto, estamos extendiendo los acertados términos de "psico-orgasmo" y de "orgasmo del alma", para que refleje una experiencia más profunda. Estamos acunando el término espíritu-orgasmo. Este término hace referencia al creador de la sexualidad y de los orgasmos que hay en ella: Dios, quien "es espíritu". Pero el concepto hace también referencia a la vivencia fenomenológica espiritual que provocan los orgasmos. Al experimentar sus orgasmos, los esposos pierden la noción del tiempo y del espacio durante el tiempo que estos duran.

Los "espíritu-orgasmos" contienen los "psico-orgasmos", o componente emocional de los orgasmos, así como los "orgasmos del alma" o los componentes mentales de los orgasmos. Dios le regaló a los esposos, que en última instancia son seres espirituales, no físicos, un disfrute sexual espiritual.

Esta es una de las razones por las cuales los "amantes" que dependen solamente de sus orgasmos físicos, es decir, la mera atracción física que los une, no duran mucho tiempo junto. Los orgasmos meramente fisiológicos se evaporan con rapidez. Los orgasmos basados en la mera experiencia física de los "amantes" son transitorios y fugaces. Los "amantes" que dependen de ellos también los son.

Los esposos que basan su amor en sus espíritu-orgasmos duran para siempre, de la misma que las vivencias fenomenológicas de los espíritu-orgasmos no tienen fin.

Preguntas curiosas

Preguntas curiosas

Para el esposo: La próxima vez que hagan el acto sexual, dile a tu esposa que te relate las vivencias espirituales que ella experimenta cuando tiene sus orgasmos. Fíjate en los gestos faciales y en las palabras que usa para describirte esas vivencias de sus orgasmos contigo. De lo que ella está hablando es de una vivencia espiritual llamada espíritu-orgasmo.

Para la esposa: La próxima vez que hagan el acto sexual, dile a tu esposo que te relate las vivencias espirituales que él experimenta cuando tiene sus orgasmos. Fíjate en los gestos faciales y en las palabras que usa para describirte esas vivencias de sus orgasmos contigo. De lo que él está hablando es de una vivencia espiritual llamada espíritu-orgasmo.

Capítulo 18

Algunas ideas eróticas que revitalizan la vida sexual en el matrimonio

"Yo soy de mi amado, y él es mío"
(Cantar de los Cantares 6:3)

(Algunas ideas para este capítulo surgieron de la lectura del libro "Revitaliza tu vida sexual" por Elizabeth Wilson)

La técnica de alineación coital (CAT) parece que le permite al 77% de las esposas que la usan conseguir sus orgasmos, y a los esposos que la practican, tener orgasmos simultáneos en un 36%, según Edgard Eichel, su fundador y propulsor.

¿En qué consiste el CAT? En la posición misionera, con el esposo encima de su esposa, el esposo se olvida del empuje y se enfoca en la fricción. La pelvis del esposo se alinea con la vulva de su esposa. Sólo la punta (glande) del pene está dentro de la vagina de la esposa. La mayor parte del pene está haciendo presión contra la vulva y el clítoris de la esposa. Las piernas del esposo tienen que estar juntas y derechas, mientas las de la esposa se aprietan contra los muslos del esposo, para que su vagina se mantenga abierta y el esposo ejerza presión/fricción sobre los labios de su vulva y de su clítoris. El esposo soporta el peso de su esposa sobre sus codos, sosteniéndola a nivel de sus axilas. Lo que importa es el balanceo, no el empuje. La esposa empuja el pene de su esposo hacia fuera y hacia dentro, de modo que los labios de su vulva y su clítoris sientan una constante presión/fricción de la punta del pene de su esposo. Es como una danza rítmica. Los orgasmos de los dos sucederán naturalmente. Los esposos que practican el CAT, no deben concentrarse ni enfocarse en sus orgasmos, sino en la danza sexual que Dios le permite tener como esposos.

Los esposos que han permitido que su libido o deseos sexuales bajen mucho de nivel, y presentan todo tipo de excusa para no tener sexo con la frecuencia que deberían, deben pensar lo siguiente:

La actividad sexual libera el estrés.

Los esposos con una vida sexual saludable viven menos estresados, y además manejan sus emociones negativas, hostilidades, ira, enojo, resentimiento, ansiedad, de formas más efectivas. Una buena vida sexual contribuye positivamente a vivir una vida matrimonial más relajada, segura y armónica.

La actividad sexual ayuda a vivir más años de vida.

Los esposos que viven una vida saludable, alegre, gozosa, feliz, armónica son más resistentes a las enfermedades y al estrés. Los científicos dicen que los buenos orgasmos aumentan los glóbulos blancos en un 20%, y son los glóbulos blancos los que luchan contra las infecciones malignas en nuestros cuerpos. El buen sexo entre esposos funciona para la salud, porque éste implica además afectos, abrazos, caricias, y el sistema inmunológico se beneficia de este contacto físico amoroso y afectivo.

La actividad sexual es creativa.

Los esposos desarrollan su creatividad dada por Dios al tener relaciones sexuales. Durante sus actos sexuales, los esposos entran a niveles profundos de intimidad y comunicación. Así que a ellos se les facilita sacar la creatividad que tienen dentro y ponerla al servicio de su pareja. Debido a que los actos sexuales son placenteros, los esposos se olvidan y desconectan de sus frustraciones y se enfocan en dar y recibir placer erótico.

La actividad sexual es terapéutica.

El sexo es bueno para el corazón según dicen los estudios. El 65% de las personas ingresadas en los hospitales por problemas del corazón señala que "tiene una pobre vida sexual con su pareja". Los chinos creen que el buen sexo es bueno hasta para curar el resfriado. Los esposos que viven una vida sexual saludable sufren menos de problemas de salud mental.

La actividad sexual aumenta la autoestima.

Durante sus actos sexuales los esposos experimentan su personalidad a plenitud. Cada uno es plenamente aceptado por el otro sin reservas. Los esposos experimentan una extensión de su auto valía cuando se producen placer erótico de manera mutua. Los esposos que viven una vida sexual saludable desarrollan una autoimagen positiva.

Cómo llegar al Punto G de tu esposa

Lo primero es localizar el lugar exacto, dentro de la vagina de la esposa, donde el Punto G se encuentra. Éste se encuentra en la parte delantera de la pared vaginal, más o menos entre la mitad y el tercio a la entrada del cuerpo del útero, pocos centímetros dentro. Mide unos dos centímetros y es rugoso o esponjoso. Al tocarlo se siente bien suave y esponjoso, pareciendo más una cadena que un círculo. Cuando se presiona el Punto G se siente esponjoso, ya que es el aislante que rodea la uretra, que conduce la orina desde la vejiga al exterior del cuerpo, y está más allá de la piel vaginal. Contiene varias glándulas que producen excitación sexual y cuando se estimula apropiadamente produce un fluido claro que sale por la misma vía que sale la orina de tu esposa. Algunas personas llaman a este fluido la eyaculación femenina. La forma mas expedita para el esposo llegar al Punto G de su esposa, es ella sentada o acostada delante del esposo. El esposo inserta su dedo índice buscando ese punto en su vagina que describimos arriba. Al encontrarlo, lo presiona de manera firme y repetida, pero suave y delicadamente. Los gestos de tu esposa te indicarán si lo has encontrado y si lo estás presionando apropiadamente. Los esposos pueden guardar este tipo de exquisiteces sexuales para las ocasiones cuando tengan sexo gourmet. Aunque bien pudiera el esposo hacerle "cosquillas" al Punto G de su esposa durante el sexo casero también.

Sorpresas sexuales para esposos

Dale una ducha a tu esposo. Te metes en la ducha, te desnudas y lo enjabonas suavemente. Surge más efecto si el baño está lleno de vapor. No tienen necesariamente que hacer el amor en se momento. La idea es disfrutar de la sensualidad de bañarse juntos.

La próxima vez que tengan sexo, ten una pluma lista. Pídele a tu esposo que cierre los ojos, y pásale la pluma por su cuerpo desnudo.

Pídele a tu esposo que se acueste desnudo de espaldas sobre la cama. Móntate sobre él, sin ropa interior, y empieza a frotar y a pasarle tu vagina sobre su espalda, mientras le susurras con voz sensual, que él te va a ayudar ese día a tener tu orgasmo. Aplícale aceite sobre su cuerpo, y empieza a deslizarte de arriba abajo sobre él, frotando tu vulva y clítoris sobre su espalda y sus nalgas. Síguele susurrando constantemente lo bien que te sientes y lo próximo que estás de llegar a tu orgasmo. La idea es que realmente tengas un orgasmo de esa manera. Tu esposo se va a divertir mucho.

Si tu esposo se está duchando y hay tiempo, espera que el vapor cubra el baño. Métete en la ducha vistiendo solamente ropa de dormir transparente. Al mojarte, la ropa se pegará a tu piel luciendo sensual y sexualmente apetecible para tu esposo. Esa escena produce un sexo aperitivo o "rapidito" ideal. Y es algo que rompe con la rutina y el aburrimiento.

Para romper con la rutina sexual de los esposos

Cuando hagan el sexo, **hagan algo que no hayan hecho durante el último mes.**

No tengan sexo en una posición, **si pueden recordar la última vez que lo hicieron de esa manera.**

Nunca hagan el sexo en el mismo lugar por más de doce veces seguidas. Aun en el dormitorio matrimonial, después de doce veces haciéndolo allí, la número trece tiene que ser en un lugar diferente. Luego regresan al dormitorio matrimonial.

No se queden estancados en una sola forma de hacer el sexo. Varíen entre el sexo aperitivo "rapidito", el sexo casero, y el sexo gourmet. Esta es la clave que le impide a la rutina y al aburrimiento sexual hacer nido en su vida sexual.

Practiquen el sexo gourmet por lo menos cada dos meses. Esto, seis veces al año. Practiquen el **sexo casero por lo menos una vez al mes,** es decir, doce veces al año. **Disfruten el sexo aperitivo o "rapidito" cada vez que las energías sexuales se lo pidan.** No olviden que el sexo es uno de los regalos más lindos y gratificantes que Dios les concedió solamente a los esposos. Este es un regalo exclusivo para los esposos, y ellos están llamados a hacer el mejor uso de él.

La manera cómo se tratan los esposos en su vida sexual, determina el coeficiente amoroso (CA) que poseen. Si tienen un coeficiente amoroso de genio, se reflejará en la vida sexual que disfrutan en el matrimonio. Dios le ha regalo a cada esposa un esposo genio sexual, y cada esposo una esposa genio sexual.

Dios nos ha hecho genios sexuales. Lo que tenemos que hacer es extraer nuestra genialidad sexual. Los esposos sexualmente saludables ejercen sus coeficientes amorosos más altos. Ellos se comportan como genios sexuales.

Ejercicio para aprender a amar a tu pene

Hay estudios que indican que más del 60% de los hombres están inconformes con el tamaño o el volumen de su pene. Los esposos tienen relaciones sexuales con sus esposas bien enfocados en su pene. El pene es un órgano extremadamente importante para la vida sexual de los hombres. La Biblia dice: "Así como el esposo ama a su propio cuerpo, así debe amar también a su esposa. El que ama a su esposa, se ama sí mismo" (Efesios 5:28). Amamos a nuestras esposas en la misma medida que amamos a nuestros cuerpos, y eso incluye el pene. Mientras más sanamente los esposos aman a su pene, más sanamente aman a sus esposas. Especialmente el placer erótico o sexual que las esposas proveen a sus esposos.

Los esposos tienen que aprender a amar a su pene. Aquí le incluimos un ejercicio simple que le ayudará en esta tarea.

Párate frente al espejo desnudo. Observa tu pene desde el espejo y dile: "Hola, pene querido. Hasta ahora no te había apreciado lo suficiente. Doy gracias a Dios por regalarme este pene. Y te acepto tal y cómo eres. Gracias por permitirme disfrutar el placer sexual con mi esposa (di el nombre de tu esposa)".

Estas palabras tienen que salir de tu boca en voz alta. Haz este ejercicio una vez por semana. En algún momento, permite que tu esposa esté presente mientras haces el ejercicio frente al espejo.

Al principio el ejercicio te resultará incómodo. Luego te acostumbrarás y te será fácil hacerlo aun frente a tu esposa. La idea es que aprendas a amar y a aceptar a tu pene, y a ser agradecido ante Dios por dártelo para disfrutar del placer sexual con tu esposa. En la misma medida que ames y aceptes tu pene, en esa misma medida amarás y aceptarás el placer sexual con tu esposa.

Lectura sabrosa

Lectura sabrosa # 18: Cuando estábamos en la parte final de la escritura de este libro nos llegó la siguiente buena noticia.

Un sacerdote capuchino polaco escribió un libro que se ha transformado en uno de los libros más vendidos en Polonia. El sacerdote Ksawery Knotz cree que todos los matrimonios cristianos pueden "alcanzar un sexo divino". El sacerdote dice que el sexo también "es una buena forma de acercarse a Dios. Mi libro pretende ayudar a las parejas casadas a reforzar sus vínculos y a tener una buena y feliz vida sexual", dice el sacerdote.

El titulo del libro es: "El sexo que no conoces: para parejas casadas que aman a Dios", el segundo libro escrito por este capuchino, ha pasado a ser un inesperado libro más vendido en Polonia gracias a afirmaciones como ésta: "El matrimonio puede demostrar su amor de todas las formas posibles. Esto puede incluir estimulación manual u oral".

"Todo acto, caricia o posición sexual que tiene como objetivo la excitación del cónyuge está permitido, y agrada a Dios. Durante el acto sexual, el matrimonio puede demostrar su amor de todas las formas posibles, y brindarle al otro las caricias más deseadas", defiende Knotz en su libro.

"Para mí, ayudar a las parejas a mejorar sus relaciones íntimas supone también una forma de trabajar para Dios", asegura el padre Knotz, a quien no importa que lo llamen cariñosamente el "Apóstol del Kamasutra católico".

¡Qué bueno que esto está ocurriendo! Dios nunca llega tarde para darnos los mensajes que desea para nuestro bien. Dios es el creador de la sexualidad. El disfrute de la sexualidad es el regalo de Dios a los matrimonios. Esta es una buena hora para quitarle a la sexualidad de los matrimonios las emociones y los sentimientos del miedo, la vergüenza y la culpa. Dios desea que todos los matrimonios vivan vidas sexuales saludables, estables, exitosas, felices. Dios ha provisto de todos los recursos para que los esposos disfruten su vida sexual a plenitud. Este libro intenta ser un recurso para que los matrimonios pueden hacer exactamente eso que Dios desea que hagan con su sexualidad: disfrutarla al máximo, pero de manera sana.

Preguntas curiosas

Preguntas curiosas

Para la esposa: La próxima vez que hagan el acto sexual, practiquen la técnica de alineación coital (CAT). Aunque tu esposo esté encima, trata de controlar la situación para que él no se enfoque en "empujar" el pene hacia dentro de tu vagina. Trata de que tu esposo se concentre en el balanceo rítmico de estimular y frotar los labios de tu vulva y tu clítoris con la punta (glande) de su pene. Además, traten de enfocarse en el placer del acto sexual, sin intentar provocarse orgasmos. En esa posición, los orgasmos les llegan de manera natural. Al terminar, hablen por unos tres minutos de la experiencia de la posición sexual CAT. ¿Lograron tener orgasmos simultáneos?

Para el esposo: Tu tarea en la posición sexual CAT es la de producirle placer sexual a tu esposa, enfocado en friccionar los labios de su vulva y su clítoris con la punta (glande) de tu pene. Tienes que vencer la tentación masculina de empujar tu pene hacia dentro de la vagina todo el tiempo. Déjate llevar de tu esposa, y piensa que están disfrutando de una danza sexual, en la que el ritmo lo pone el roce de la punta de tu pene con los labios de la vulva y el clítoris de tu esposa. Al final, dediquen tres minutos a hablar de la experiencia de la posición del CAT. ¿Lograron tener orgasmos simultáneos

EPÍLOGO SEXUAL PARA ADQUIRIR PLACER

Preguntas curiosas que siempre quise hacerle a un sexólogo

¿Por qué me siento inconforme con el tamaño de mi pene?

Más del 60% de los hombres se siente realmente inconforme, y a algunos les disgusta el tamaño de su pene. Una gran cantidad de hombres ha procurado, en algún momento de su vida, alargar su pene. Un número todavía más alto de hombres tiene fantasías y se imagina con un pene más "voluminoso" que el que realmente posee.

La cultura por lo general hace creer a los hombres, desde muy temprano en el proceso de su desarrollo, que la identidad masculina depende del tamaño y del buen uso que se haga del pene. Por otro lado, hay una creencia sexual falsa, pero generalizada, que inculca en los hombres la idea de que el buen funcionamiento sexual depende del tamaño o volumen de su pene. Estas dos creencias mencionadas, crea en millones de hombres, un sentido de falsa identidad masculina.

El pene es un órgano biológico muy importante en la vida de un hombre. Y Dios fue el primero que ideó crearle un pene al ser masculino que hizo. Durante el taller que imparto (Héctor) "Sólo para hombres", les hago a los participantes la siguiente pregunta: "¿Quién cree usted que fue el primer ser que tuvo un pene en sus manos?". Muchos hombres responden que fue Eva, otros que Adán. Pero casi a nadie se lo ocurre la verdad: el primer ser que tuvo un pene en sus manos fue Dios, su creador. Pero la identidad masculina no depende del tamaño del pene que posea. Un hombre es un hombre cien por ciento, sin importar de qué tamaño tenga su pene. Lo importante es que a todo hombre se le desarrolla un pene en su cuerpo.

Y además, el buen funcionamiento sexual de un hombre tampoco depende del tamaño de su pene. El buen funcionamiento sexual de un hombre depende más del buen uso que le dé a su pene, y no necesariamente de cuál sea su tamaño físico. De hecho, el orificio de la vagina de la mujer, mientras más profundo, menos terminaciones nerviosas conectadas con los centros placenteros del cerebro posee. Un pene largo, por ejemplo, no posee mayor capacidad de producir placer a una mujer durante el coito, que un pene menos largo y voluminoso.

Lo más importante para los esposos es aprender a ofrecerle buen sexo a sus esposas. El placer sexual no se encuentra en el tamaño del pene, sino en una buena destreza de usar con sabiduría el pene que se posee.

¿Por qué todas las mañanas siempre despierto con mi pene en erección?

Está bien documentado que los hombres pasan una buena parte de la noche teniendo sueños eróticos. El cerebro no duerme, sino que durante el sueño, dependiendo de qué tan profundo o leve sea el sueño, cambia de ondas. Cuando un hombre o una mujer están profundamente dormidos, sus cerebros emiten determinadas ondas, diferentes a si están medio dormidos o teniendo dificultad para dormir.

Los hombres se pasan la noche, después que se duermen, teniendo sueños eróticos. Son sueños inconscientes, es decir, que no se recuerdan al despertar. Son sueños eróticos inocentes, y probablemente los hombres casados están teniéndolos con sus esposas. Como el 80% de la sexualidad es imaginación y fantasía, esos sueños eróticos envían señales del cerebro al pene, éste se llena de sangre y tiene una erección. Hay otras razones médicas que no vamos a discutir en esta respuesta, pero la respuesta está bien documentada. Las mañanas son un buen tiempo para los esposos tener sexo aperitivo o "rapidito". Todo depende de la sincronización sexual que tengan los esposos.

¿Por qué cuando me despierto en las mañanas casi siempre mi vagina está lubricada o humedecida?

Las mujeres también tienen sueños eróticos mientras duermen. A ellas se aplica la respuesta que dimos a la pregunta anterior. Parece que debido a que la sexualidad de la mujer es más interna que externa, las mujeres son menos conscientes que los hombres de este fenómeno. Muy pocas mujeres se dan cuenta al despertar en las mañanas de que han lubricado durante la noche.

¿Qué es el "coito"?

La relación sexual coital es cuando el pene del esposo penetra dentro de la vagina de la esposa. Muchos esposos tienen la falsa idea de que el acto sexual consiste solamente en el coito. El acto sexual coital de los esposos es sólo una parte de la relación sexual. En realidad, una gran cantidad de esposas no disfrutan del coito con sus esposos. Y muchas esposas derivan muy poco placer erótico de la relación coital. Para algunas esposas el coito es además doloroso. Para los esposos el coito es sumamente importante. Esta es una de las muchas diferencias sexuales entre los hombres y las mujeres. Para la mayoría de los esposos, si no ha habido coito, no ha habido sexo. Recuerde esposo: los placeres sexuales más grandes de tu esposa están en las partes externas de sus genitales: su clítoris, labios menores y superiores de su vulva.

¿Es verdad que si el esposo penetra a su esposa desde atrás (la posición del "perrito") le resultará más fácil estimular el "Punto G" de su esposa?

Si. Ya explicamos en otra parte de este libro, que la forma más expedita del esposo llegar al Punto G de su esposa es usando sus dedos. Con la penetración de la vagina desde detrás, especialmente si la esposa es diestra en algunos movimientos sexuales, existe alguna posibilidad de rozar el Punto G de la esposa.

¿Tienen los hombres un "Punto G" dentro de sus anos, como las mujeres lo tienen dentro de su vagina?

Se habla mucho hoy de un Punto G masculino, pero estas ideas no tienen ninguna comprobación legítima. Los homosexuales masculinos, que practican el sexo anal, son los propulsores más acuciantes del Punto G masculino.

¿En qué consiste realmente el orgasmo femenino?

Hemos dedicado varias secciones de este libro a explicar el orgasmo femenino. Referimos esta pregunta a esas porciones del libro.

¿Eyaculan los mujeres (expulsan semen) como lo hacen los hombres cuando tienen sus orgasmos?

Hay grandes defensores de la eyaculación femenina durante sus orgasmos, especialmente si ella produce un orgasmo "vaginal". Muchas mujeres feministas argumentan este punto, y hay libros, y hasta videos donde se presentan mujeres eyaculando a la manera del hombre. Es claro que hay algunas mujeres con una alta producción de líquido lubricante. Hay además algunas mujeres con una gran capacidad de producirse sus orgasmos mediante la estimulación de su Punto G. Recuerde que el Punto G está en cierta forma conectado o es parte del conducto o fibras de la parte del conducto de la uretra por donde sale la orina de la mujer. El Punto G femenino al ser estimulado, es capaz de producir un líquido, parecido al semen del hombre, que sale por el mismo conducto por donde sale la orina de la mujer. Muchas mujeres pueden producirse orgasmos, mediante la auto-estimulación, y estimularse manualmente su clítoris y su Punto G. Este líquido que se produce en el Punto G femenino al ser estimulado, sale por el conducto de la orina cuando algunas mujeres tienen sus orgasmos de esa forma. A eso que ocurre mediante estas condiciones mencionadas, no se le considera una eyaculación a la manera del orgasmo masculino.

¿Cuál es la zona o punto de mayor placer sexual en las mujeres?

Sobre este punto hemos presentado mucha información en este libro. Nos referimos a lo que hemos dicho sobre este tema.

¿Cuál es la zona o punto de mayor placer sexual en los hombres?

Esta pregunta tiene la misma respuesta que la anterior. En este libro hemos detallado este tema con minuciosidad.

¿Por qué el sexo resulta placentero?

El placer erótico o sexual es una de las bendiciones con que Dios bendijo los cuerpos y al matrimonio. Es el obsequio por excelencia de Dios para los esposos. Dios hizo los cuerpos con zonas placenteras. En el principio del desarrollo humano, el mayor placer de los niños y las niñas pequeñas está en sus bocas. Es a lo que se llama el placer oral. Luego le sigue el ano. Los niños y las niñas pequeñas tienen un placer anal. Luego en el proceso del desarrollo humano, el placer se centra en el falo o placer fálico. El Doctor Freud fue quien creó esta teoría del desarrollo humano alrededor de la sexualidad humana, y creía que la vagina era una deformación del pene. Es por eso que en Freud no existe un placer vaginal, que sería equivalente al placer fálico. Esas ideas particulares de Freud están bastante anticuadas hoy en día. Luego está el placer estético o espiritual, que va más allá de la estimulación de un objeto físico o fisiológico.

Pero lo esencial queda intacto. El cuerpo humano está lleno de zonas placenteras. De hecho, donde quiera que haya un orificio en el cuerpo, allí hay alguna posibilidad de producir placer. Pero además, aprendemos maneras sofisticadas de derivar placer de muchas cosas. El arte por ejemplo. La fotografía, la música, la pintura, pueden despertar en algunos seres humanos momentos orgásmicos. Momentos orgásmicos los pueden también provocar una puesta o caída del sol, una vista espectacular, una flor, un atardecer, la lectura de un buen libro de ficción, un espectáculo de danza, coreografía, etc.

Dios nos creó a los humanos con la capacidad de obtener placer. Y este placer se encuentra en nuestros propios cuerpos. El placer sexual es un regalo dado por Dios a los esposos para su disfrute. Si todos los actos sexuales de los esposos solamente condujeran a la procreación de otras vidas, los seres humanos no tendrían tanto interés en el sexo. Dios es más sabio que sabio. La sexualidad es placentera. Ésa es una de las razones por la que a la mayoría de los humanos nos gusta el sexo. Los esposos se dan placer mutuo mediante sus actos sexuales. Mejor es decir, que los esposos se provocan placer erótico durante sus actos sexuales, pues el placer sexual ya se encuentra en sus cuerpos. Los esposos solamente aprenden a despertarlo en cada uno, y a disfrutarlo sin miedos, vergüenzas ni culpas exageradas.

¿Hay realmente diferencias en el tamaño y la forma de la vagina?

Hay muy pocas diferencias en el tamaño y la forma de la vagina. Algunas vulvas son mas "voluminosas o carnosas" que otras, dependiendo de la contextura física de la mujer. Pero todas las vaginas tienen una gran capacidad de elasticidad, y se extienden y acomodan casi a cualquier forma de pene. Muchos hombres fantasean con vaginas grandes que se asemejan a las "nalgas grandes de algunas mujeres". Pero eso no es más que una fantasía masculina. En término fisiológico, todas las vaginas son prácticamente iguales y cumplen las mismas funciones sexuales. No es el tamaño físico de la vagina lo que hace la diferencia, sino el uso dado a la vagina. Las esposas sabias e inteligentes aprenden a darle buen uso sexual a su vagina, para mantener a sus esposos interesados y motivados a regresar constantemente "a comer los frutos de sus propio jardín". La Sulamita del Cantar de los Cantares era una experta en estos menesteres. Los esposos sexualmente sabios e inteligentes aprenden a aceptar, apreciar y disfrutar de la vagina de sus esposas. Cada esposo debe decirse a sí mismo constantemente: "la vagina de mi esposa es la mejor vagina sobre esta tierra". Y realmente creer que es así. Cada esposo tiene exactamente la vagina que necesita a su completa disposición en su propia casa.

¿Cuáles son las partes de una vagina?

La vagina es el orificio por donde penetra el pene y el orificio por donde sale la orina, que son diferentes. La vulva, que contiene los labios superiores e inferiores, compone la parte de externa de la vagina, que también incluye el clítoris.

¿Es un pene "voluminoso" y grande más placentero para una mujer?

Los penes "voluminosos" y grandes han creado muy buena fama, tanto para los hombres como para las mujeres. Recuerde, que el 80% de la sexualidad humana es imaginación y fantasía. Así que estas fantasías e imaginaciones sexuales de penes grandes funciona bien para muchas personas. Este es un factor psicológico y de cultura sexual. Pero en términos reales de lo que sucede y puede suceder en los actos sexuales de los esposos, un pene "voluminoso" y grande no tiene la capacidad de producir más placer a la esposa, que un pene pequeño y poco "voluminoso". Lo más importante para los esposos es saber usar bien el pene que poseen.

¿Por qué las mujeres usan la "excusa del dolor de cabeza" cuando no quieren tener relaciones sexuales con sus esposos?

Esta parece ser una excusa histórica. Por muchos siglos a la mujer no se le permitía disfrutar de los actos sexuales. Su función durante los actos sexuales era complacer a los hombres. Fue probablemente debido a esta historia sexual, que las mujeres aprendieron a no disfrutar del sexo con sus esposos. Y por supuesto, a presentar la mayor cantidad de excusas para no tenerlo. Hay culturas que todavía hoy siguen estos patrones sexuales. Y aún en sociedades donde se ha roto con estos patrones sexuales, hay muchos esposos que no satisfacen sexualmente a sus esposas. Muchas de estas situaciones se deben al desconocimiento de cómo funciona la sexualidad de la mujer. Muchos esposos se creen expertos en la sexualidad de sus esposas. En la práctica sexual, muchos no están seguros dónde exactamente tienen su clítoris ellas. Las esposas con una insatisfacción sexual consistente, tienen la tendencia a evadir los actos sexuales con sus esposos. El dolor de cabeza es una de las excusas más frecuentes. Los esposos con una vida sexual saludable no sufren de estos problemas.

¿Tener buen sexo antes de acostarse ayuda a dormir bien?

Si, porque el ejercicio físico que implica tener sexo, estimula la liberación de endorfinas, y eso contribuye a conciliar mucho mejor el sueño. El acto sexual funciona como un relajante. El orgasmo libera el estrés y la tensión del cuerpo. Disfrutar de un buen orgasmo, equivale para todo el cuerpo a disfrutar de un fin semana totalmente desconectado de las cosas que producen estrés y tensión.

¿Por qué una gran cantidad de hombres se sienten atraídos a mirarles "las nalgas" a las mujeres que le pasan por el lado?

Los hombres fantasean con el tamaño de la vagina de las mujeres. Y parte de esas fantasías masculinas es creer, que mientras más voluminosas y carnosas sean las nalgas de las mujeres, más grande y voluminosa será su vagina. Los hombres sueñan con mirar y poseer vaginas grandes.

Además, inconscientemente, casi todo hombre fantasea con la idea de penetrar su pene en el ano de una mujer. En la psicología masculina, penetrar el ano de una mujer equivale "a completar la sexualidad masculina".

Casi todo hombre fantasea con senos, vagina y nalgas femeninas grandes. Pero estas son solamente fantasías eróticas. El disfrute de la sexualidad en el matrimonio no necesita del cumplimiento de estas fantasías sexuales masculinas. Si los esposos se ponen de acuerdo, la penetración vaginal desde atrás, es decir, el esposo penetrando la vagina de su esposa desde atrás, puede cabalmente reemplazar esta fantasía erótica masculina.

¿Cómo pueden los esposos ponerse de acuerdo en una frecuencia sexual (cuántas veces hacen el amor) que sea beneficiosa para los dos?

Hablándolo claramente. No practicando en su vida sexual la "adivinación y la lectura de las mentes", sino comunicándose con efectividad sus deseos, motivaciones, expectativas y frustraciones sexuales. En el matrimonio, generalmente el que tiene una menor necesidad sexual y busca menos los actos sexuales con su pareja, ejerce control sobre la vida sexual. La persona más activa sexualmente le sigue el "ritmo sexual" a la que es menos activa sexualmente. Los matrimonios sexualmente saludables rompen con este ciclo. El que dice "necesitar menos del sexo", tiene que acomodar sus necesidades sexuales a las de su pareja con más necesidad sexual. Los esposos tienen que llegar a acuerdos, y algunas veces, mientras rompen con ese ciclo sexual dañino, hacen el amor de todas maneras aunque uno de los dos no sienta deseo de hacerlo.

Mientras lo hacen, aumentan los niveles de su libido y el umbral de su tensión sexual. Y así encontrarán una frecuencia adecuada y satisfactoria para los dos.

¿Son realmente las mujeres "multiorgásmicas"?

Esta pregunta ha sido claramente contestada en otros capítulos de este libro.

Mi esposo dice que tenemos que hacer el sexo aunque no sintamos que deseamos hacerlo, porque: "O lo usamos o lo perdemos". ¿Hay alguna verdad en ese dicho?

Ya todos sabemos que la sexualidad del hombre es diferente a la sexualidad de la mujer. Pero ese dicho es realmente verdadero. Los hombres tienen entre tres y cinco erecciones por noche, mientras aparentemente sueñan con actividades eróticas. Una gran cantidad de mujeres despiertan en las mañanas humedecidas o lubricadas, indicando que a ellas les sucede lo mismo que al hombre. Las erecciones en los hombres son muy importantes para conservar la salud de los músculos de sus penes. Las erecciones del pene le proveen el oxígeno que necesita para conservar la salud de sus nervios. Hay estudios que parecen indicar que, un componente del desarrollo de la disfunción eréctil se debe a la falta de suficiente sexo. El fallo de la primera y de la segunda vez, le provoca retirarse del acto sexual por largos periodos de tiempo. De nuevo el dicho de que "o se usa, o se pierde".

En las mujeres también, las relaciones sexuales estimulan la circulación en sus áreas genitales. Una buena circulación en la vagina se traduce en una mejor lubricación vaginal y una vagina con nervios más elásticos. Todo esto contribuye a que la mujer disfrute más de sus orgasmos. Hay además un elemento psicológico en el dicho "o se usa, o se pierde", y recordamos que el 80% del sexo es mental, psicológico, imaginación, fantasía. A los esposos que mantienen las "bombillas de su sexualidad encendidas constantemente" les resulta más fácil estar dispuestos para el sexo con más frecuencia. A los esposos que "apagan las bombillas de su sexualidad por largos periodos de tiempo" les resulta cada vez más difícil despertarse mutuamente el deseo del sexo cuando deciden hacerlo.

Así que, los esposos "o usan su sexualidad con frecuencia, o la pierden por falta de uso". Mientras más los esposos practican su sexualidad de manera sana, más altas serán sus motivaciones y deseos sexuales entre sí. Sus orgasmos genitales, el pene, los escrotos, y todos los nervios que los componen, al igual que la vagina, el clítoris, la vulva, y todos los nervios que los componen, se mantendrán más saludables, activos, elásticos. Psicológicamente, estos esposos serán más proactivos sexualmente también. Así que la práctica de procurar el sexo con frecuencia, aunque no sientan o tengan deseos de hacerlo, es saludable para los esposos. Esta práctica matrimonial mantiene sus niveles de pasión alta, proactiva, energética y revitalizada.

¿Por qué con el uso, los esposos pierden la curiosidad y el sentido de lo novedoso de su sexualidad?

Todos los humanos somos naturalmente curiosos y atraídos por las cosas nuevas. La curiosidad humana por la sexualidad es uno de los misterios más poderosos. Además, disfrutar sexualmente de lo novedoso contiene un gran poder psicológico en la gran mayoría de los seres humanos.

Los esposos, con los años de vida sexual, pierden intensidad en los grados de su curiosidad erótica mutua. Además, el sentido de lo novedoso sexual entre ellos decrece en intensidad. Estos son fenómenos completamente naturales y humanos. Los esposos tienen que prepararse espiritual, mental y emocionalmente para enfrentarse a esta realidad.

Aun estos fenómenos normales y naturales ocurriendo, los esposos pueden y deben mantener su curiosidad y novedad sexual a grados satisfactorios. Y ellos disponen de recursos para lograr esta meta. Este libro es un recurso para que los esposos sexualmente saludables aprendan a mantener niveles satisfactorios de curiosidad y novedad sexual.

EPÍLOGO SEXUAL PARA ADQUIRIR SABIDURÍA

Una de las posibles consecuencias de la práctica de la sexualidad es la procreación de nuevas vidas. La sexualidad contiene en sí misma el poder potencial del embarazo. Los millones de espermatozoides que los esposos expulsan en su semen, durante los actos sexuales con sus esposas, tienen la posibilidad de encontrarse con óvulos listos para ser fecundados.

Un componente importante y necesario de una sexualidad saludable, implica que los esposos sean capaces de planificar la llegada de sus hijos al mundo. Es decir, los esposos sexualmente saludables ejercen su sexualidad de modo que los hijos que sus actos sexuales producen, son hijos que han decidido y planificado. Los esposos que disfrutan de una plena salud sexual, tal y como Dios desea que suceda, no engendran hijos fuera de tiempo, sin planificación, por accidentes sexuales. Los hijos procreados por matrimonios sexualmente saludables son hijos bienvenidos, planificados, bendecidos y fruto de actos sexuales conscientes, llenos de lucidez espiritual, mental, emocional, psicológica, física y social. Los esposos sexualmente saludables no practican actos sexuales instintivos, descontrolados, impulsivos, irresponsables, que puedan traer vidas al mundo para las cuales ellos no estaban preparados.

Cada hijo procreado por esposos sexualmente saludables, es un hijo engendrado conscientemente. Estos son hijos nacidos de la luz, de la armonía, de la sincronía sexual, y del deseo racional de contribuir con la expansión de la vida de Dios. Los esposos sanos sexualmente practican una sexualidad responsable y consciente.

En los Estados Unidos es alarmante el número de hijos que nacen de actos sexuales inconscientes de sus padres. Sobre este tema vamos a compartir algunos datos del año 2001.

*Ese año hubo en los Estados Unidos 2.3 millones de embarazos no planificados, y el 77% de esos embarazos sin planificación fueron entre mujeres solteras menores de 29 años de edad.

*La mayor cantidad de embarazos no planificados, más de 2 millones (46%), le ocurre a mujeres solteras y que ni siquiera conviven con los hombres que las embarazan. Es decir, que son embarazos fruto del placer erótico accidentado. Las mujeres que conviven con sus amantes tienen un 24% de posibilidades de tener un embarazo no planificado, mientras que las mujeres casadas tienen un 30% de posibilidades de tener un embarazo no planificado.

*En los Estados Unidos casi la mitad (49%) de los embarazos no planificados le ocurre a mujeres veinteañeras blancas solteras; a las mujeres negras solteras en la misma edad el embarazo no planificado le ocurre el 33%, mientras que a las latinas solteras en la misma edad les ocurre el 18%.

*Cuando se tabula la tasa por cada mil embarazos no planificados, las mujeres veinteañeras negras solteras llevan la delantera. Entre las negras veinteañeras solteras, de cada 1000 embarazos no planificados 149 provienen de ellas; de las mujeres latinas veinteañeras solteras, de cada 1000 embarazos no planificados 118 provienen de ellas; de las mujeres veinteañeras blancas solteras, de cada 1000 embarazos no planificados 72 se originan entre ellas.

*Las mujeres blancas solteras abortan el 56% de sus embarazos no planificados; las negras veinteañeras solteras abortan 49% de sus embarazos no planificados, y las mujeres latinas veinteañeras solteras abortan 37% de sus embarazos no planificados.

Entre todas las mujeres solteras veinteañeras y las categorías raciales mencionadas arriba, el 53% de sus embarazos no planificados termina en aborto.

*Los hombres blancos son los responsables en un 58% de los embarazos no planificados; los hombres latinos son responsables en un 28%, y los hombres negros son responsables en un 14%. (Datos de 2002).

*Los hombres que se criaron como cristianos protestantes fueron los responsables del 45% de los embarazos no planificados; los hombres que se criaron como católicos fueron los responsables del 37% de los embarazos no planificados. (Datos del año 2002)

*Parece que el nivel educativo de las mujeres veinteañeras solteras no influye mucho para que tengan un embarazo no planificado. En el año 2001, el 76% de las mujeres con embarazos no planificados tenía estudios de universidad y diplomados; el 69% había terminado sus estudios secundarios, y el 63% no había terminado sus estudios secundarios.

*En el año 2001, entre las mujeres veinteañeras solteras, el 72% de sus embarazos era por lo menos su segundo embarazo. Es decir, que la tendencia de estas mujeres es repetir el ciclo de embarazo no planificado. Solamente el 28% de sus embarazos fue su primer embarazo para este grupo de mujeres veinteañeras solteras.

(Fuente: El DCR Report de la página de The National Campaign to Prevent Teen and Unplanned Pregnancy)

La sexualidad es un acto creador de Dios "muy bueno". Las prácticas sexuales son intrínsecamente poderosas. Tienen el potencial de engendrar nuevas vidas. Los esposos sexualmente saludables aprenden a hacer un sabio balance de su sexualidad. Ellos utilizan su sexualidad para darse mutuo placer consciente. Pero no instintivamente. El placer sexual o erótico que disfrutan del ejercicio de su sexualidad no los obnubila. Practican sus actos sexuales placenteros con responsabilidad. Están conscientes del poder creador que hay en su sexualidad. Planifican cuándo y en qué momento y situación de su vida matrimonial, desean y están listos para traer otras vidas al mundo por medio de sus prácticas sexuales.

Los hijos de los esposos sexualmente saludables son engendrados en sus mejores momentos espirituales, emocionales, psicológicos, mentales y sociales. Ellos planifican cuando están listos para usar sus actos sexuales con el propósito y la posibilidad de que además de obtener placer, puedan producir nuevas vidas.

Los hijos de los matrimonios sexualmente saludables son conscientemente planificados por ellos. Estos hijos no son engendrados al azar, por circunstancias, por situaciones inconscientes. Estos hijos son engendrados durante actos sexuales conscientes.

Lectura sabrosa

Lectura sabrosa: Siempre es posible romper el ciclo de la sexualidad instintiva y no disciplinada.

Hay algunos indicios de que algunos animales practican el sexo por placer. La gran mayoría de los animales practica el sexo por instinto. El instinto sexual, controlado por los ciclos de sus "estros" sexuales, impulsa y motiva a los animales a buscar y practicar el sexo. Para ellos, el sexo está despojado de racionalidad. El sexo para la mayoría de los animales es una función estrictamente biológica. Ellos están dominados y controlados por sus ciclos sexuales. Algunos tienen ciclos sexuales varias veces al año; otros, una sola vez por año. Algunos animales tienen un ciclo sexual que dura varias semanas o días; otros tienen ciclos sexuales que sólo duran horas, como la yegua por ejemplo.

Los seres humanos no estamos dominados por ciclos sexuales. La sexualidad humana no es cíclica e instintiva. Tampoco es estrictamente biológica, como la sexualidad de los animales.

Los seres humanos podemos y tenemos que disciplinar nuestra sexualidad. Disciplinar la sexualidad es una de las grandes tareas de las personas adultas en el proceso de llegar a ser personas completas y maduras.

Los matrimonios maduros y sanos sexualmente han aprendido a disciplinar su sexualidad. Los actos sexuales de los esposos que disfrutan de plena salud sexual son actos sexuales disciplinados, no actos sexuales instintivos. Ellos practican una sexualidad consciente, no meramente biológica. Sus actos sexuales son actos sexuales espirituales, no meramente físicos y fisiológicos. Disfrutan de todo el placer erótico de sus actos sexuales, pero al mismo tiempo ejercen su sexualidad con responsabilidad.

Los hijos de los esposos sexualmente saludables nacen de actos sexuales conscientes, lúcidos y llenos de espiritualidad. Cuando deciden engendrar nuevas vidas, procuran que Dios sea su testigo principal. Sus hijos son engendrados de actos sexuales realizados en la presencia de Dios.

Preguntas curiosas

Preguntas curiosas

Para el esposo: Si han planificado tener hijos, cuando decidan que es el momento adecuado para tenerlos, dile a tu esposa que deseas que sean engendrados en los momentos en que ustedes disfrutan de orgasmos simultáneos. Empiecen a sincronizar sus orgasmos para que se les facilite tenerlos.

Para la esposa: Si han planificado tener hijos, cuando decidan que es el momento adecuado para tenerlos, dile a tu esposo que deseas que sean engendrados en los momentos en que ustedes disfrutan de orgasmos simultáneos. Empiecen a sincronizar sus orgasmos para que se les facilite tenerlos.

Bibliografía

Allender, B., y Longman 111, Tremper. "Intimate Allies". Tyndale: Wheaton, Il., 1995

"Antropología y Sexualidad". Educación sexual Vol. VII, INES: República Dominicana, 1976

Buscaglia. Leo. "Vivir, amar y aprender". Emece Editores: Argentina, 1986

Buscaglia, Leo. "Ser persona". Emece Editores: Argentina, 1086

Boszormeny-nagy, Iván y Framo, J. I. "Terapia familiar intensiva". Editorial Trillas: México, 1979

Bradshaw, John. "La familia". Selector Autoridad Editorial: México 2000

Barron, James Douglas. "Ella quiere un anillo". Ediciones Urano, SA.: Barcelona 2001

Baugh, Kay Allen. "Chocolate para el corazón de la mujer". Editorial Diana: USA 2000

Beck-Gernsheim, Elizabeth. "La re-invención de la familia". Ediciones Paidos Ibérica, S.A.: Barcelona, España 2003

Bundschuh, Rick, y Gilbert, Dave. "Romance Rekindled". Harvest House: Eugene, Or., 1988

Cruz, José. "Hacia el desarrollo de la personalidad". Editora de la Salle: República Dominicana, 1980

Chinmoy, Sry, "El jardín del amor".
Editorial Sirio: SA, USA 1974

Creighton, James L. PhD., "Claves para pelearse sin romper la pareja".
Longseller, Errepar: Buenos Aires, Argentina 2002

Chapman, Gary. "Los cinco lenguajes del amor". Unilit: Miami, 2002

Carlson, Kristine. "No te ahogues en un vaso de agua".
Editora Aguilar, Altea Tauros, S.A.: Bogotá, Colombia 2003

Chapman, Gary. "El matrimonio: pacto y compromiso".
Editorial A & W Publishing Electronic Services, Inc.: USA 2004

Dillow, Linda y Pintus, Lorraine. "Temas de intimidad" (21 interrogantes que las mujeres tienen sobre sexo).
Grupo Nelson: USA 2007

Dyer, Wayne W., "El poder de la intención". Hay House, Inc.: Carlsbad, CA, 2005

Doyle, Laura. "Entregada, pero no sometida".
Editorial Norma, SA..: Bogotá, Colombia 2001

Dorman, Lesley. "Three Styles of sex". Redbook: March 1998

Dobson, James. "El amor debe ser fuerte". Editorial Vida: Grand Rapids, 1990

Dumay, Regine. "Cómo hacer bien el amor a un hombre"
Randon House Mondadori, SA,: España 2005

Dunker, José Rafael. "Los vínculos familiares: Una sicopatología de las relaciones familiares".
Editora BUHO: Santo Domingo, República Dominicana, 2003

Dunker, José Rafael. "Iguales y diferentes: Un estudio sobre cuestiones de género, matrimonio y familia". (Segunda Edición) Editora BUHO: Santo Domingo, República Dominicana, 2008

Dunker, José Rafael. "Crónicas familiares".
Sea Editorial: Santo Domingo, República Dominicana, 2008

Dunker, José Rafael y Fior de Jesús de Dunker. "Mejor que cuando novios". Sea Editorial: Santo Domingo, República Dominicana, 2008

Dunker, José Rafael y Fior de Jesús de Dunker. "Cómo criar bien los hijos sin destruir el matrimonio".
Sea Editorial: Santo Domingo, República Dominicana, 2008

Dunker, José Rafael. "Consejería desde la iglesia local".
(Segunda Edición) Editora BUHO: Santo Domingo, República Dominicana, 2008

Easwaran, Eknath. "El amor nunca falla".
Editorial Atlántida: Buenos Aires, Argentina 1986

Engel, Beverly. "Ámale sin dejar de quererte".
Editorial Randon House-Mondadori: Barcelona, España 2002

Eldredge, John y Stasi. "Cautivante".
Editorial Caribe S. A. Inc.: Nashville, TN, USA 2005

Golwald, W.H., y Goldon, GH. "Sexualidad y la experiencia humana". Editorial Manual Moderno: México, 1983

Fromn, Erick "El Arte de amar".
Ediciones Paidos Ibérica, S.A.: Barcelona España 1959

Fuchs, Eric. "Sexual desire and love". Seabury Press: New York, 1098

Gray, John. "Marte y Venus enamorados".
Editorial Emece, SA.: Buenos Aires, Argentina 1997

Gray, John. "Marte y Venus en el dormitorio". Editorial Grijalbo: Barcelona, España, 1998

Gray, John. "Marte y Venus hacen las paces".
Editorial Emece, S.A: Buenos Aires, Argentina 1996

Gottman, John M. "Siete reglas de oro para vivir en pareja".
Plaza & Jones Editores, S.A.: Barcelona, España 2000

Goldberg, James G. "El lado oscuro del amor".
Ediciones Obelisco: USA 1995

Grayson, Henry PhD. "Mindful Living".
Penguin Group Publishers, S.A.: USA 2003

Hendreik, Harville y Hunt, Helen. "El amor que cura".
Ediciones Obelisco: España, 1999.

Hite, Shere. "El Informe Hite: Estudio de la sexualidad femenina". Plaza y Janes S.A. Editores: España, 1977

Huxley, Laura "Recetas para vivir y amar".
Editora Integral: Barcelona, España 1963

Jamison, Heather. "Recuperemos la intimidad".
Editorial Portavoz: USA 2007

Juan Ortiz Dr. Y Arline Hernández. "Las Reglas del amor".
Editorial Grijalbo: México 2003

Kinsey, C., Pomeroy, W.B., Martin, C.E. "Conducta sexual
humana". Tomos 1 y 11. Siglo XXI: Argentina, 1967

Kaplan, Helen. "La nueva terapia sexual". Tomos 1 y 11.
Alianza Editorial, S.A: España, 1982

Kaplan, Helen. "Manual ilustrado de terapia sexual". Editorial
Grijaldo, S.A.: España, 1983

"La familia y la armonía sexual". Educación sexual Vol. 5.,
INES: República Dominicana, 1975

Lerner, Harlet. "El miedo y otras emociones indeseables".
Ediciones Oniro S.A.: Barcelona, España

Love, P., y Robinson, J. "Hot marriage". Penguin Books: New
York, 1994

Love, P. "The true about love". Firesidebook: New York, 2001

Masters, W.H., y Jonson, V.C. "The pleasure bond". Bantan
Books: Nueva York, 1974

Masters, W.H., Kolodny, C., Johnson, V.C, Biggs, M.A.
"Manuel de sexualidad humana". Editorial Pirámide, S.A.:
Espuma, 1982

Masters, W.H., y Johnson, V.C. "Respuesta sexual humana".
Editorial Inermédica: Argentina, 1976

Markman, H.J., Stanley, S.M., Blumberg, S.L. "Su matrimonio vale". Editorial Norma: Colombia, 2000

MCary, J.L., y MCary, S.P. "Sexualidad humana". 4ta Edición.
Editorial Manual Moderno: México, 1983

McGraw, Phil. "La familia primero".
Santillana Ediciones Generales, SA, Editorial Aguilar, México 2006

MacGregor, Cynthia. "Juegos y actividades para realizar en familia".
Editorial Paidos S.A.I.C.F.: Buenos Aires Argentina 2000

McCraw, Phillip C., Dr. "Rescate su relación".
(Plan estratégico para conectarse con su pareja)
Editorial Diana, S.A.: México 2003

Mclagan, Pat. "El cambio es cosa de todos".
Ediciones Urano, S.A.: Barcelona España 2003

Mason, Mike. "El misterio del matrimonio". Editorial Vida:
Grand Rapids, 2006

Mayo, Mary Ann. "A Christian guide to sexual counseling".
Zondervan: Grand Rapids, 1995

O'Connor, Dagmar. "Cómo hacer el amor con la misma persona por el resto de tu vida". Editorial Urano: Barcelona, España, 1989

Piquer, Florencia. "Cómo disfrutar en pareja".
Gidesa: Argentina 1999

Pearsall, Paul. "Super marital sex". "Ivey Books: New York,
1987

Real, Terrence. "Cómo puedo entenderte".
Ediciones Urano: Barcelona, España 2002

Riso, Walter. "La felicidad es mucho más que amar".
Grupo Editorial Norma: Bogotá, Colombia 2003

Silveira, Miguel. "El arte de las relaciones personales".
Editorial Alba, Barcelona: España 2003

Smedes, Lewis B. "Sex for Christians". Eermang: Grand
Rapids, 1994

Smith, Robin L. "Mentiras ante el altar". Santillana, Ediciones
Generales: USA, 2007

Suárez, Juan y R. Blanca. "Matrimonios es algo más que amor".
Ediciones Suagar, Orlando: Florida 2001

Stemberg, Robert J. "La experiencia del amor".
Editora Paidos Ibérica SA, Barcelona: España 2000

Rosenace, Duglas E. "Una celebración del sexo". Grupo
Nelson: 2003

Vásquez, Carmen Inoa y Dra. Gil, Rosa María, Dra. "La
paradoja de María".
Randon House Inc.: USA 1996

Vexler, Erika Johanna, y Suellentrop, Katharine. "Un puente entre dos mundos: cómo lograr que los programas para la prevención del embarazo en la adolescencia presten mejores servicios a los jóvenes latinos". Campaña Nacional para Prevenir el Embarazo de Adolescentes: Washington, DC., 2006

Weiner-Davis, Michele. "Felizmente casados, sexualmente felices". Grupo Editorial Norma: New York 2003

Weiner-Davis, Michele. "The divorce remedy". Simon & Chuster: New York, 2001

Wilson, Elisabeth. "Revitaliza tu vida sexual". Ediciones Nowlitus, S.A.: España, 2005

Wolfe, Janet. "What to do when he has a headache". Hyperion: New York, 1992

Wheat, Ed., y Wheat, Fale. "El placer sexual ordenado por Dios". Grupo Nelson: Nashville, 1992

Yorkey, Mike (Compilador). "Cómo cultivar un matrimonio saludable". Editorial Unilit: Miami Florida, USA 1996

Zorrilla, Héctor, "Psicología masculina y femenina del matrimonio". Editorial Taller: Santo Domingo, Rep. Dominicana, 1987

Zorrilla, Héctor. "La Psicología del amor: Aprender a amar". Editora Taller: Santo Domingo, República Dominicana, 1989

Zorrilla, Héctor, "Psicología sexual de la pareja". Editora Taller: Santo Domingo, República Dominicana, 1988

Zorrilla, Héctor, "Los reinos de la ternura". Editora El Nuevo Diario: Santo Domingo, República Dominicana, 2006

Zorrilla, Héctor y Clemencia. "Recetas para enriquecer tu matrimonio: Cómo mantener las llamas del amor". Primera Edición. Editorial Búho: Santo Domingo, República Dominicana, 2008

Zorrilla, Héctor y Clemencia. "Recetas para enriquecer tu matrimonio: Cómo mantener las llamas del amor". Segunda Edición. Editorial Excelencia: Estados Unidos, 2009

Zorrilla, Héctor y Clemencia. "Recetas para enriquecer tu matrimonio: Cómo mantener las llamas del amor", Segunda Edición, PRIMERA RE-IMPRESIÓN. PUBLICACIONES UNA MISION PARA VIVIR, INC (MIPAV), LIVING MISSION MINISTRIES, INC: Estados Unidos, 2009

Zinczenko, David. "Hombres, amor y sexo". Ediciones Santillana: Florida, 2007

UNA MISION PARA VIVIR, INC. (MIPAV)
Parkway Station, PO BOX 622504 Bronx, NY 10462 USA
www.UnaMisionParaVivir.org

Los pastores Zorrilla ofrecen e imparten talleres de 3 a 4 horas de duración. Estos son algunos de sus talleres matrimoniales:

1. Cómo puedes disfrutar del poder sanador del perdón.
2. Cómo puedes aprender algunas claves para que tu matrimonio sea exitoso, estable y saludable
3. Cómo usar el amor para sanar tu matrimonio
4. Cómo transformarte en una pareja optimista y crear un matrimonio saludable
5. Cómo puedes ser una pareja espiritual y emocionalmente inteligente para aprender los mapas de amor de tu pareja

También se ofrecen e imparten seminarios de 4 a 6 horas de duración (Todo un día del sábado)

(1) Seminarios sobre la sanidad de la familia y crianza saludable:

✓ Cómo sanar a tu familia
✓ La difícil tarea de ser joven en el siglo XXI

- ✓ La compleja tarea de criar y comunicarnos con los adolescentes
- ✓ La familia como un sistema
- ✓ La familia que Dios bendice
- ✓ La visión que Dios tiene de una familia saludable
- ✓ El joven de hoy: el noviazgo
- ✓ Otros temas

(2) Seminarios que participan solamente hombres:

- ✓ Cómo ser un hombre de valor: los hombres que Dios bendice
- ✓ Cómo sanar la imagen de Dios en ti, hombre
- ✓ Cómo sanar tu sexualidad
- ✓ Cómo sanar tus relaciones con tus progenitores
- ✓ Cómo sanar tus relaciones con las mujeres
- ✓ Otros temas

(3) Seminarios para matrimonios:

- ✓ Cómo puedes tener un matrimonio creativo
- ✓ Cómo mantener el romance en tu matrimonio
- ✓ Cómo puedes crear y mantener una "cuenta bancaria" de amor en tu pareja
- ✓ Cómo puedes utilizar las diferencias para crecer en tu matrimonio
- ✓ Cómo puedes disfrutar de la sexualidad en tu matrimonio
- ✓ Cómo puedes usar la palabra y el tacto para mantener vivas las llamas de tu amor
- ✓ Cómo puedes aprender a comunicarte para resolver conflictos… ¡y no para crearlos!
- ✓ Otros temas

Los esposos Zorrilla ofrecen e imparten charlas matrimoniales de una hora y media de duración. Algunos temas de sus charlas:

1. Cómo encontrar y mantener tu pareja para toda la vida
2. Cómo ser una pareja saludable que mantiene tu matrimonio saludable
3. Cómo evitar los hábitos que practican los matrimonios en "apuros"
4. Cómo satisfacer las expectativas de tu pareja en tu matrimonio
5. Cómo aprender a comunicarte para crecer en tu matrimonio
6. Cómo cultivar el jardín de tu amor en tu matrimonio
7. Cómo basar tu matrimonio en un pacto de amor eterno
8. Cómo llegar a ser una "sola carne" en tu matrimonio
9. Cómo ser un equipo ganador en tu matrimonio
10. Cómo hacer crecer el romance cada día en el matrimonio
11. Cómo encontrar a tu pareja "irresistiblemente sabrosa" todo el tiempo
12. Cómo disfrutar de las 4 fases del amor en tu matrimonio
13. Otros temas

*Los esposos Zorrilla son pastores y psicólogos especializados en las áreas del matrimonio, la familia y la sexualidad humana. Además han escrito varios libros y son conferencistas frecuentemente invitados a hablar sobre temas matrimoniales y familiares en todo el mundo. Los esposos Zorrilla producen el programa radial y de televisión "Qué vivan los matrimonios".

ENRIQUECIENDO MATRIMONIOS, FAMILIAS Y LIDERES
Empowering Marriages, Families and Leaders
LIVING MISSION MINISTRIES, INC

UNA MISION PARA VIVIR, INC. (MIPAV)
Parkway Station, PO BOX 622504 Bronx, NY 10462 USA
www.UnaMisionParaVivir.org

Pedidos de conferencias y consultas:

HÉCTOR Y CLEMENCIA ZORRILLA
MISION PARA VIVIR, INC (MIPAV)
Parkway Station
PO Box 622504
Bronx, NY 10462
Tel 646-401-5111 ~ Cel. 917-439-0821
e-mail: hector.zorrilla@misionparavivir.org
www.unamisionparavivir.org

TOMO 1

Recetas
para enriquecer tu matrimonio

CÓMO MANTENER LAS LLAMAS DEL AMOR

Héctor y Clemencia Zorrilla

TOMO 2

Recetas
para sanar tu corazón

Cómo vivir una vida abundante y feliz

Héctor y Clemencia Zorrilla

RECETAS
Para enriquecer tu matrimonio
Cómo mantener las llamas del amor

Hector y Clemencia Zorrilla

Toda pareja desea disfrutar de su Amor.
Este libro te enseña cómo hacerlo.

RECETAS PARA ENRIQUECER TU VIDA SUXUAL: CÓMO DISFRUTAR DE TU SEXUALIDAD EN EL MATRIMONIO

Distribuido por:

ENRIQUECIENDO MATRIMONIOS, FAMILIAS Y LIDERES
Empowering Marriages, Families and Leaders
LIVING MISSION MINISTRIES, INC

UNA MISION PARA VIVIR, INC. (MIPAV)
Parkway Station, PO BOX 622504 Bronx, NY 10462 USA

www.UnaMisionParaVivir.org

LIVING MISSION MINISTRIES, INC

PEDIDOS:

Llámenos a: 646-401-5111 ó 917-439-0650
Envíe un mensaje por e-mail:
hector.zorrilla@misionparavivir.org
Visite nuestra página:
www.unamisionparavivir.org

Acerca de los autores

Los autores del este libro: "Recetas para enriquecer tu vida sexual: Como disfrutar de tu sexualidad en el matrimonio", son los distinguidos esposos, Héctor y Clemencia Zorrilla. El primer libro que publicaron sobre su serie "Recetas" fue "Recetas para enriquecer tu matrimonio: cómo mantener las llamas del amor", ya en su segunda edición.

Héctor y Clemencia Zorrilla se casaron al final de sus años de adolescentes. Recién casados, se mudaron al sur de su país de origen, la República Dominicana, y se dedicaron a levantar nuevas iglesias. Como pastores de las Iglesias Bíblicas Cristianas, fueron conferencistas para campamentos y retiros de jóvenes y matrimonios, y Héctor, Secretario Nacional y Presidente de las Asociación de las Iglesias Bíblicas Cristianas en la República Dominicana. Por varios años representaron en la República Dominicana el Ministerio El Camino de la Vida, produciendo programas radiales para Radio Trans-Mundial y otras emisoras en toda la América Latina, y dando seguimiento a todos los oyentes del programa en todo el mundo.

Héctor posee estudios teológicos del Instituto Bíblico Bautista, Seminario Bíblico Latinoamericano, y de la extensión del Instituto Bíblico Cristiano. El hermano Zorrilla estudió Psicología Clínica en la UASD, y Clemencia estudió Orientación Escolar en la misma universidad. Los dos están ordenados en el ministerio. Fundaron el Centro Especializado de Psicología Aplicada (CEPSIA) del cual Héctor fue su Director Ejecutivo hasta que emigró a los Estados Unidos en 1989. Por medio de CEPSIA impartió docenas de seminarios, talleres, conferencias; además de cursos de Educación Continua en universidades como INTEC y otras.

Héctor continuó sus estudios en universidades de Norteamérica, y posee grados en Psicología, Maestría de Salud Mental, Post-maestría en Consejería Familiar y Liderazgo de CUNY y de Cornell University.

Ya en los Estados Unidos, Héctor ha ejercido posiciones como Consejero Familiar, Supervisor de consejeros y trabajadores sociales, Director de programas de trabajos sociales y de salud mental y asesor de programas para la ciudad de Nueva York.

Como autor, Héctor ha publicado varios libros, que han sido de gran aceptación entre el público en general. Sus obras son: (1) Psicología femenina y masculina del matrimonio; (2) Psicología sexual de la pareja; (3) La psicología del amor: aprender a amar (volumen 1); (4) Los reinos de la ternura (colección de relatos cortos).

De la autoría de Héctor y Clemencia, se ha publicado la siguiente serie en audio-libro: (1) Recetas para enriquecer tu matrimonio; (2) Recetas para enriquecer tu corazón; (3) Recetas para criar hijos triunfadores.

Los esposos Zorrilla han publicado además cientos de artículos en periódicos y revistas de muchas partes del mundo.

Hace varios años, Héctor y Clemencia fundaron Una Misión para Vivir, Inc., (MIPAV) de la cual son presidentes. En la actualidad, están totalmente dedicados a promover matrimonios y familias saludables desde las perspectivas de Dios, dentro de las iglesias locales y las comunidades donde predican.

El último libro publicado por los esposos Zorrilla es: "Recetas para enriquecer tu matrimonio: cómo mantener las llamas del amor" ya en su segunda edición.

Ahora, están terminando varios libros sobre la serie "Recetas" de la autoría de los dos, que saldrán al público próximamente.

Los pastores Zorrilla producen el programa radial y de TV "Qué Vivan los Matrimonios", que se transmite en emisoras de los Estados Unidos, América Latina y Europa.

Héctor y Clemencia son frecuentemente invitados a dictar charlas, seminarios, talleres, conferencias, en retiros, iglesias, conferencias para jóvenes, matrimonios, hombres, mujeres, jóvenes, líderes, dentro de los Estados Unidos y otros países.

Si deseas comunicarte con los autores de este libro para comentarios, preguntas, sugerencias, hazlo desde el Foro en su página:

www.unamisionparavivir.org

Breinigsville, PA USA
11 December 2009
229057BV00003B/1/P

9 780984 189700